Fiches Spé c

Le Bac en fiches ultra-visuelles !

Philosophie

Tles L, ES, S

David Chabin
Professeur agrégé en CPGE
Lycée Ampère, Lyon

Jean-Jacques Marimbert
Professeur agrégé, PRAG
Université de Toulouse II

MAGNARD

Sommaire

La raison et le réel

La politique

La morale

Méthode pour le Bac

ANNEXES

Édition : Charlotte Cordonnier ; **Conception graphique :** Muriel Ouziane ; **Cartographie :** Marie-Christine Liennard, Gwendal Fossois, Valérie Goncalves, Christel Parolini ; **Crédits iconographiques :** p. 24 et p. 47 : © AFP – p. 52 : © AKG Images – p. 70 : © Gerard Uferas/Gamma raphop ; **Mise en pages :** Nord Compo.

5, allée de la 2e DB - 75015 PARIS
www.magnard.fr
www.specialbac.magnard.fr

Achevé d'imprimer en mai 2016 par Loire Offset Titoulet (France)
Dépôt légal : février 2014 ; N° éditeur : 2016/1226

Description de l'épreuve

L'épreuve écrite

Durée : 4 heures.

Coefficient : 7 en série L ;
4 en série ES ;
3 en série S ;
2 en séries technologiques.

- **Trois sujets** (deux dissertations et un texte) sont proposés **au choix** du candidat, pouvant porter sur toutes les parties du programme de chacune des séries.
- La **dissertation** invite le candidat à développer une réflexion personnelle et argumentée à partir d'une question donnée et du problème auquel elle fait référence.
- L'**étude de texte** vise à rendre compte d'un problème philosophique à partir de la « compréhension précise » d'un texte donné. Le texte doit permettre de poser un problème philosophique qu'il s'agit de saisir en lui-même. Le candidat n'est pas tenu de se référer à la doctrine de l'auteur, ni à l'histoire de la philosophie.

L'épreuve orale

Durée : 40 min (préparation : 20 min ; exposé : 20 min).

- Le candidat doit présenter à l'examinateur la liste comportant une ou plusieurs **œuvres philosophiques** dont l'étude est obligatoire (cela vaut également pour les candidats libres).
- Il se voit désigner un extrait d'œuvre qu'il aura étudié durant l'année (deux œuvres minimum en série L, une pour les séries S et ES, un ensemble de textes pour les séries technologiques).
- L'examinateur indique le texte à expliquer et peut donner une question pour orienter la réflexion ou guider la lecture.
- Le candidat prépare son **exposé** et montre ensuite ses capacités de **compréhension** et d'**analyse** du texte.

Conseils pour réussir

Quelques principes de base

- Nous vous conseillons de maîtriser des **définitions** ou des **thèses**, mais surtout d'apprendre à repérer des **problèmes** et enchaîner des **arguments**. C'est dans cet esprit qu'il faut aborder l'épreuve du baccalauréat : ne pas plaquer des thèses toutes faites apprises par cœur sur une question ou un texte, mais accepter les difficultés qu'ils contiennent dans le but d'y voir plus clair et de réfléchir au mieux.
- Les **repères** au programme donnent lieu à une explication rapide des termes essentiels, des définitions et des questions majeures. Cela vous permet d'engager une réflexion sur les notions. Apprenez à les exploiter dans des contextes différents. Vous les intégrerez ainsi à votre vocabulaire et donnerez une valeur philosophique à vos arguments.
- Nous savons qu'il vous faudra de la patience et du temps pour apprendre à être attentif aux **nuances** des questions et des textes. Cela vous conduira à cultiver deux qualités de l'esprit que Descartes juge primordiales : la **perspicacité** et la **sagacité**.

À l'écrit

- Les questions des sujets de **dissertation** invitent l'élève à faire la preuve de sa capacité de **compréhension** et de sa **culture philosophique**. Il faut y répondre avec précision, en tenant compte de la formulation du sujet.
- Les textes demandent, eux aussi, à être **analysés** de manière rigoureuse et précise. Il ne s'agit pas d'en faire des « prétextes », mais d'expliquer leurs **articulations essentielles** et leurs **concepts**. Ainsi, on peut vraiment exposer sa propre compréhension.

À l'oral

L'**exposé** du texte est l'occasion de vous faire entendre. Il s'agit donc de vous exprimer clairement et précisément. L'examinateur est attentif à votre parole et ouvert au dialogue. Ses questions n'ont pas pour but de vous piéger, mais de vous amener à **préciser une idée** ou bien de vous offrir la possibilité d'un **développement**. Le but est alors de vous amener à dépasser une première position ou idée.

Conscience et liberté

FICHE 1

I Prise de conscience et expérience de la liberté

1. Du machinal au conscient

- Un acte *machinal* s'accomplit sans conscience. S'en rendre compte, c'est se représenter l'acte. Un obstacle au mouvement d'un somnambule suffit à éveiller sa conscience, le libérant de l'automatisme dont il était l'esclave aveugle.

> « [La conscience] est clairvoyance et liberté. »
> **V. Jankélévitch**

- Ainsi, **la conscience est lucidité**. Un enfant prenant conscience d'un danger, est prévenu du risque encouru et il hésite, libre alors de choisir d'agir ou non, en connaissance de cause, en conscience.

2. Conscience de la liberté, liberté de la conscience

- Prendre conscience, c'est faire l'expérience d'une première forme de **liberté**. Le sujet réalise que, conscient, il s'ouvre sur la possibilité de **réfléchir**, de **choisir** et de **décider**.

- Il y a toutefois une angoisse du choix, face aux possibles, ouvrant sur les questions du **sens**, de l'**existence**, de la **mort**. Angoisse et liberté sont liées.

- Hésiter, réfléchir, vouloir sont des signes de la libération de la conscience et de la conscience de la liberté. Mais suis-je *maître* de mes représentations ?

II Conscience et conditionnement social

1. Conscience et culture

- L'homme ne choisit pas la culture grâce à laquelle il développe sa conscience du monde, des autres et de lui-même. L'enfant sauvage, privé du contact humain, n'accède pas au niveau de conscience qui caractérise l'homme.

- Mais la nécessité d'un bain culturel fait qu'**un milieu s'impose à l'individu**, sans qu'il soit libre de l'accepter ou non. Il s'ouvre sur sa propre pensée par la médiation nécessaire d'une langue, véhicule de pensées et de valeurs qui s'enracinent dans sa conscience.

2. Conditionnement et soumission

• Chacun est marqué par cette imprégnation culturelle, morale, religieuse, esthétique, etc. Histoire, traditions, origine sociale et familiale sont autant d'éléments qui ne dépendent pas de l'individu.

• Le conditionnement social montre une forme première de soumission, voire d'esclavage de la conscience. Mais alors, qu'en est-il du libre arbitre ?

III Conscience et cause libre

1. Conscience et nécessité

Prenant conscience des causes de nos actions, nous réalisons souvent que nous ne pouvions pas prendre une autre décision. Une nécessité nous pousse, nous détermine à agir sans que nous en ayons conscience, alors que nous pensions être libres de penser, d'agir. La liberté de la conscience ne serait alors qu'un leurre, une illusion.

2. Inconscient et nécessité

N'est-il pas troublant, par exemple, de saisir le lien entre nos désirs et des éléments inconscients de notre vie psychique ? La psychanalyse montre à quel point notre conscience est déterminée par cet inconscient actif à notre insu. Rêves, idées fugitives, actes manqués manifestent cette activité. Il semble donc que plus nous prenons conscience de ce que nous sommes, plus nous réalisons les limites de la liberté de notre conscience.

IV Progrès de la conscience et libération

1. Le pouvoir de la conscience

Cette prise de conscience n'est-elle pas le signe d'une liberté ? Nous pouvons critiquer les valeurs imposées par notre culture et décider d'analyser notre vie psychique.

2. Conscience et progrès

La responsabilité est là : se donner les moyens de devenir meilleur. Le progrès de la conscience témoigne de la liberté, de l'autonomie. Le rapport entre conscience et liberté se pense et se vit comme un processus historique de libération.

Conscience et connaissance de soi

FICHE 2

I Conscience et monde

1. Conscience et objet

- « Toute conscience est conscience de quelque chose » (Husserl), la **visée intentionnelle** d'une chose, pôle nécessaire vers lequel elle est orientée. Elle est révélatrice d'une **présence immédiate au monde**, relative à « quelque chose ». La conscience de soi est d'abord l'expérience immédiate que nous faisons de notre être et de notre pensée, mais aussi de nos sensations corporelles ou de nos sentiments.

- Mais, si nous pouvons également « prendre conscience », c'est que la conscience est capable d'un **progrès, possédant une liberté relative par rapport à ce qui l'entoure**.

2. Unité et réflexion

- Notre conscience est une activité de **relation**. L'animal, en tant qu'il perçoit, est conscient du milieu dans lequel il vit. L'homme n'a pas le privilège d'une telle conscience. C'est donc la conscience de soi qui est sa marque distinctive, la capacité de **se réfléchir** et de **se représenter**.

- Se prenant pour objet de réflexion, notre propre conscience apparaît comme une série d'actes intentionnels : mémoire, imagination, sentiment, sensation, raisonnement. Elle est en eux comme un **pouvoir d'unification et de cohésion**. Cette unité ne caractérise-t-elle pas une **personne** ?

II Conscience de soi et connaissance de soi

1. L'identité

- En réalisant cette **synthèse**, la conscience rend possible la constitution d'une **identité**, d'un *moi*, malgré les changements que le **temps** introduit dans notre existence. Quand je *me* pense, je me prends pour objet de réflexion. L'unification de ma personne s'effectue : ma conscience rapporte les différents actes qui la constituent à elle-même. Le souvenir, par exemple, est l'acte par lequel ma conscience rapporte mon passé dans mon présent. La conscience ne nous livre pas un savoir anonyme.

• De même pour mon existence. Exister n'est pas seulement « être hors de soi » (étymologie), c'est « être rassemblé » par une unité qui est la conscience de soi. Mais suffit-il d'être conscient de soi pour se connaître ?

2. Sens et connaissance

• Nous avons bien un sentiment de notre être : nous savons que nous sommes, mais pas *qui* nous sommes. Ce sentiment immédiat peut nous tromper sur le sens que nous prêtons à notre personne, à nos actions. *Se sentir* n'est pas encore *se connaître*.

• La psychanalyse nous enseigne que notre conscience est lacunaire dans la connaissance qu'elle nous donne de nos états psychiques. La valeur objective de l'introspection est limitée par le caractère temporel de l'existence : ma conscience n'est jamais qu'*actuelle*.

• Que puis-je conclure avec certitude sur la teneur véritable de mon être si ma conscience n'est rien de plus qu'un savoir présent ?

III L'idéal de connaissance de soi

1. Temps et conscience

• La temporalité complique notre désir de nous connaître : notre identité apparaît comme un savoir incertain, jamais définitif. La conscience nous place ainsi dans une situation ambiguë : elle ne serait qu'une connaissance (*cognitio* : « apprendre à connaître ») vouée à être incomplète, tout en étant la seule forme concevable du savoir.

• La connaissance de soi n'est pas une donnée immédiate de la conscience. Faut-il pour autant y renoncer ?

2. Conscience et pensée

• Le « connais-toi toi-même » de Socrate est, dans une telle perspective, un but idéal. Il peut en ce sens régler la visée de toute existence, d'un point de vue existentiel, moral ou politique. La conscience de soi est une visée de connaissance, non une connaissance. Elle ne peut nous assurer de la pleine possession de notre être ; mais elle reste la seule possibilité d'œuvrer à une connaissance de soi.

• Nul homme ne peut y renoncer : il y va de son humanité. La philosophie, dès son origine grecque, place l'homme dans le questionnement sur ce qu'il est : la connaissance de soi est une exigence inévitable de la pensée.

Conscience et inconscience

FICHE 3

I Inconscience et ignorance

1. Ignorance et innocence

• Dans un pays dont la culture nous est inconnue, nous pouvons dire ou faire quelque chose qui choque les habitants et en prendre conscience. Mais il n'est pas toujours possible de combler cette ignorance.

• Dans le cas d'une déficience mentale, le malade est dit « innocent » (*nocere* : « qui ne veut pas nuire »). De même pour l'enfant qui agit sans savoir que ce qu'il fait est dangereux, ou impoli, etc. Dans les deux cas, bien que **responsable** de son erreur, le sujet **ne peut être dit fautif**.

2. Inconscience et faute

• L'inconscience admet donc des *degrés*, selon sa cause : ignorance, incompréhension, oubli, distraction, inattention. Le **devoir** d'être conscient est pris en compte. On peut être coupable de ne pas avoir évité son erreur. Comme lors d'un procès, quand il faut dire si un individu incriminé était ou non conscient au moment de l'action jugée. L'inconscience donnée comme « excuse » peut **renforcer la culpabilité** (nul n'est censé ignorer la loi).

• Mais l'exemple de l'enfant permet d'aller plus loin : il suffit souvent de lui rappeler ce qu'il savait pour qu'il s'en souvienne. S'il a oublié, n'est-ce pas parce qu'il est impossible d'avoir toujours tout à la **conscience** ? Qu'est donc devenu ce qui était « en lui » et dont il n'a plus conscience ?

II Inconscience et mémoire

1. Inconscience et latence des souvenirs

• Nous n'avons pas à chaque instant la totalité de notre passé « à l'esprit ». Nos souvenirs sont pourtant « en nous », *latents*, c'est-à-dire qu'ils peuvent, dans une certaine mesure, être « ramenés à la surface » par la conscience.

• La **part inconsciente** de notre vie psychique désignerait donc ce qui n'est plus conscient mais peut le redevenir. Cette **mémorisation** permet de **fixer** ce qui ne cesse d'être remplacé dans ma conscience par autre chose, sinon nous ne pourrions ni penser ni agir comme nous le faisons.

2. Inconscience et orientation

- Nos **expériences** sont « retenues », **conservées**. C'est essentiel pour l'**orientation** temporelle et spatiale : une « amnésie de fixation » (incapacité à former de nouveaux souvenirs suite à un accident ou une maladie), par exemple, la rend impossible ou très problématique (syndrome de Korsakof).

- Mais nos expériences mémorisées restent bien souvent **inconscientes**, tant qu'il n'est pas utile ou nécessaire de nous les rappeler. Notre conscience peut, selon notre désir ou notre volonté, opérer un retour sur ce qui a été vécu et **éclairer** un souvenir, bien que de manière incertaine et incomplète.

III Conscience, société et existence

1. Conscience et culture

- L'expérience d'un individu est d'abord **collective**, par l'acquisition d'une **culture**, essentielle à la prise de **conscience de soi** : on ne peut « devenir soi-même » sans les autres. Dire que des liens familiaux et sociaux sont « tissés » indique bien l'étroitesse et l'intimité des échanges. Par la **langue** se transmet la culture qui nourrit le **tissu social**.

- Au cours de son **éducation**, des éléments imprègnent la façon d'être, de penser et d'agir de tout individu, et constituent un **inconscient social**. Chacun est tributaire des **représentations collectives** (valeurs, symboles, idées, coutumes, etc.) et de l'**histoire** des individus de même culture. Les « enfants sauvages » n'ont pu vivre cette expérience primordiale, ni atteindre le niveau de conscience auquel ils auraient pu accéder.

2. Conscience et existence

- Chacun est « marqué » par sa culture, et sa vie psychique est enracinée dans ce milieu *nourricier*. Malgré tout, à ce niveau aussi, le « savoir » auquel la conscience nous permet d'accéder est relatif.

- Une part de ce qui nous constitue demeure inconsciente : notre conscience ne peut tout éclairer. Mais cela ne doit pas l'empêcher de tâcher de l'explorer. Et, au sein de l'histoire collective, chacun a une **expérience propre**, originale, unique. Le **sujet** est en partie **créateur de son existence.**

I Conscience et inconscient

1. L'hypothèse de Freud

• Rêves, lapsus et actes manqués sont des signes d'une **activité psychique autonome, l'inconscient** (Freud), que la conscience n'a pas le pouvoir immédiat d'éclairer. Mais l'inconscient peut **modifier le contenu de la conscience**. Le rêve, par exemple, indique une puissance agissante, cause de « phénomènes psychiques inconscients ».

• Cette hypothèse est opposée à la vision traditionnelle qui, avec Descartes, faisait de la conscience le centre et le maître de la vie psychique.

2. Inconscient et refoulement

• Freud analyse les phénomènes qui envahissent la conscience sans que l'individu l'ait voulu. Ils peuvent **déterminer la pensée et les actes** jusqu'à provoquer des *troubles* psychiques et physiques. Travaillant sur les **névroses**, notamment l'hystérie, Freud élabore une théorie et une pratique psychanalytiques, visant à expliquer et traiter les troubles psychiques.

• Des **causes psychiques** peuvent être à l'origine de **troubles somatiques** (*soma* : « corps ») comme des spasmes, des paralysies, des maladies de la peau. Aucune cause physique n'est décelable. Pourtant, les malades ne simulent pas.

• Selon Freud, les **névrosés** *refoulent* un souvenir traumatisant, souvent très ancien, de l'enfance. C'est comme si les malades tentaient de résoudre un conflit psychique en le « transformant » en trouble corporel. Freud parle ainsi « d'hystérie de conversion ». Selon lui, le *refoulement* est essentiel : l'inconscient, c'est avant tout ce qui, en nous (que l'on soit sain ou malade), est refoulé.

• Ainsi s'explique le fait que les **symptômes** dont souffrent les névrosés (manie, obsession, phobie ou troubles somatiques) ont la même *origine* et la même *signification* que les rêves et les actes manqués. Ce sont des effets du **« retour du refoulé »**, c'est-à-dire des éléments refoulés qui ressurgissent au sein de la conscience sous une forme « déguisée » dit Freud, d'où le caractère énigmatique des rêves.

• Cela indique aussi qu'il n'y a pas de différence radicale entre vie psychique *saine* et *malade*. L'**étude des rêves** permet de mieux comprendre les symptômes des malades et réciproquement. Freud amène à repenser le **rapport entre esprit et corps**, et entre conscience et vie psychique globale.

3. Inconscient et désirs

• Qu'est-ce qui est *refoulé* ? Les **désirs** inassouvis pour des raisons morales, sociales, familiales, etc. Mais refouler n'est pas éliminer. La **puissance affective** de ces désirs est conservée, « contenue ». Le rêve est donc une phase de **défoulement**, peut-on dire, puisque des désirs réprimés s'y expriment. Il y a une **compensation onirique à la frustration** entraînée par le refoulement.

« [Le rêve est la] voie royale qui conduit à l'inconscient. »
S. Freud

• Ainsi, la théorie freudienne permet de comprendre des aspects du **rapport entre conscience et inconscience** grâce à l'hypothèse d'un inconscient dynamique et autonome. Mais la conscience n'a-t-elle plus qu'à s'incliner devant cette force psychique ? Freud montre qu'il n'en est rien.

II Le travail de la conscience

1. Analyse et interprétation

Il faut « rendre conscient », thème central de l'entreprise analytique freudienne. Ce travail de la conscience est une **recherche de sens**. L'**interprétation des rêves** ou des troubles psychiques consiste à affronter l'énigme qu'ils posent. Même si les rêves paraissent insensés, la conscience cherche le *sens latent* qui s'y cache.

2. Conscience et devenir

S'il est vrai que l'inconscience en général, et l'inconscient en particulier, ont montré que la conscience n'est pas toute-puissante au sein de la vie psychique, et si nous avons pu douter de sa liberté, finalement, toute notre réflexion était là pour indiquer que cette liberté *existait* toujours. La conscience conserve la **possibilité d'agir** qui lui revient : **penser**. « *Devenir* conscient », telle est la tâche de celui qui analyse et réfléchit.

Conscience et altérité

FICHE 5

I Conscience et monde humain

1. Conscience et culture

• La conscience est inconcevable sans la **présence d'un monde** : elle s'y rapporte de manière essentielle en tant que monde particulier, singulier dans le temps et l'espace, et qui a une qualité spéciale, puisque nous *habitons* un monde humain.

• Tout objet *culturel* signifie ainsi la **présence sous-jacente des autres sujets** dans notre expérience pourtant personnelle également.

2. La présence d'autrui

Autrui se manifeste à nous **soit directement, soit indirectement**. Par exemple, la campagne que nous qualifions de « naturelle », est surtout le produit d'un quadrillage par des chemins, des champs, des zones de travail, donc nature reprise par une culture et façonnée par un travail humain. Cette expérience d'un monde apparemment *naturel*, nous confronte en fait à la présence d'autrui, bien que de manière indirecte. Mais que signifie alors être confronté directement à autrui ?

II L'expérience corporelle d'autrui

1. Corps et expression

• Le **corps** est le **médiateur** par lequel nous éprouvons son altérité. Ainsi, le nourrisson est capable de saisir les expressions du visage et d'y répondre par une attitude (sourires, pleurs, etc.). Avant toute saisie rationnelle, autrui est une présence que nous percevons.

• Mais n'est-il qu'un corps comme les autres ? Par ses gestes, ses attitudes, son être total, il nous *signifie* quelque chose que nous saisissons tout autant que nous prêtons un sens à sa présence actuelle.

2. L'altérité

• La présence d'autrui est à interpréter. Il n'est pas seulement un corps, mais un corps **expressif**. Son **comportement** diffère de celui de l'animal : sa conduite a un **sens** plus ou moins lisible, même si nous pouvons nous tromper sur la vérité de ses intentions.

• Autrui est ainsi la **présence corporelle d'un sens** pour toute conscience, présence ambiguë, mais nécessaire et irréfutable.

La conscience est originellement ouverte sur l'altérité d'autrui : *devenir* conscient de soi suppose de découvrir cette dimension d'*extériorité* dans notre *intériorité*, qui nous permet de **donner sens à notre existence**. Mais comment, en percevant le corps d'autrui, pouvons-nous faire l'expérience de sa conscience ?

III La présence d'autrui

1. Subjectivité et parole

• L'expérience du rapport d'expression est fondamentale dans toute existence humaine. Double expérience en réalité : corps expressif, autrui est aussi celui qui nous **parle**, nous révèle sa pensée, son affectivité, le sens de ses actes. Il nous invite ainsi à développer notre parole et à formuler nos sentiments, idées, opinions ; bref, il nous permet aussi d'**accéder à notre propre pensée**.

« Pour obtenir une vérité quelconque sur moi, il faut que je passe par l'autre. »
J.-P. Sartre

• L'enfant ne pourrait se mettre à parler sans autrui, qui seul rend possible l'avènement de sa parole par la langue qu'il lui transmet. Habitant un monde humain, je tire de la proximité d'autrui **le pouvoir de m'exprimer**.

2. Conscience et intersubjectivité

• L'émergence de notre propre conscience n'est donc pas pensable en dehors d'une relation première avec l'altérité d'autrui et la société. L'idée d'une conscience purement privée et fermée sur l'extériorité doit être interrogée : **autrui** est *déjà là* et **conditionne l'accès à la conscience de soi**. Notre conscience n'a donc jamais été absolument seule. Elle a toujours coexisté avec d'autres consciences.

• Nous ne pouvons, par conséquent, donner à l'expérience de notre personne un sens solitaire. Nous nous rapportons de manière constante à autrui et au monde qui nous est commun. La conscience a donc un **sens intersubjectif** (« entre des sujets ») qu'il est nécessaire de concevoir pour comprendre et mieux situer notre subjectivité elle-même. Autrui n'est plus seulement *l'autre*, l'étranger, mais ***le semblable*** qui peut orienter ma vie, comme je peux orienter la sienne.

Autrui : familiarité et étrangeté

FICHE 6

I Familiarité et distance

1. Le monde humain

- Nous coexistons avec d'autres sujets dans un monde humain au sein duquel nous sommes tous **différents**. Mais autrui se manifeste à nous dans un sentiment de **familiarité**, de similitude. Être familier de quelqu'un, c'est vivre dans son **intimité**. Étant de la même « famille », nous nous **ressemblons**, avons un « air de famille ».

- En ce sens, notre expérience du monde humain n'est ni anonyme, ni indifférente. Les semblables que nous rencontrons se distribuent sur une **échelle de proximité**.

2. Le sentiment d'humanité

- Habiter un tel monde, c'est attendre d'autrui **qu'il se comporte en être humain**. Si d'un objet nous attendons avant tout son utilité, voire sa beauté, nous saisissons autrui dans un sentiment spécifique d'humanité. Sa familiarité ne signifie cependant pas qu'il y ait identité entre nous.

- Toute fusion est impossible : autrui demeure toujours à une certaine **distance** de nous. Nous pouvons faire l'effort de la diminuer, sans jamais l'annuler. Autrui est bien cet autre dont nous éprouvons la différence à chaque moment, en tant qu'*alter ego* : ressemblance de l'autre, altérité du semblable.

II La présence angoissante d'autrui

1. La liberté d'autrui

Cette distance est une donnée de notre rapport aux autres, jusqu'à éprouver un **sentiment d'étrangeté**. Car la liberté d'autrui est **angoissante**. Nous pensions l'avoir saisi dans sa singularité et, subitement, il révèle un visage que je ne puis reconnaître. Notre familiarité n'était donc qu'une apparence ; autrui n'est plus alors l'objet d'une idée claire. La proximité révèle un sentiment incertain, non une connaissance de son être. Pourtant, ne voyons-nous pas, par exemple, son visage trahir ses pensées ?

> « Le lien avec autrui ne se noue que comme responsabilité. »
> **E. Lévinas**

2. Comportement et conscience

• D'autrui, nous saisissons un **comportement** et des **signes**. Nous n'entrons pas dans sa conscience. Il nous offre sa parole ou ses gestes pour *signifier* sa pensée. Mais il y a une distance infranchissable entre ceux-ci et la façon dont il *vit* sa propre pensée.

> « Je perçois autrui comme comportement. »
> **M. Merleau-Ponty**

• Il est donc comme une surface sans profondeur réelle pour moi, que je ne peux jamais entièrement pénétrer parce que je ne peux me mettre à sa place. La **projection imaginaire** de nos pensées est insuffisante : nous nous projetons en lui, mais il nous reste **inaccessible**.

• Faut-il en conclure à la nécessaire impossibilité de rapports authentiques avec autrui ?

III La difficile compréhension d'autrui

1. La vérité d'autrui

• Le rapport à autrui n'est pas concevable comme le rapport à soi-même. Autrui a bien une existence *en moi* tout aussi réelle que son existence pour lui. Mais, l'accès à sa conscience étant toujours indirect, notre saisie d'autrui prend toujours la forme d'un **savoir incomplet**.

• Que des signes trahissent sa pensée, nous n'avons cependant aucune certitude sur sa vérité, énigme à laquelle il nous appartient de donner sens. Cela ne signifie pourtant pas qu'il nous soit totalement étranger. Nous vivons dans le même monde. Ce « nous » est-il une passerelle possible vers autrui ?

2. L'intersubjectivité

• Nos gestes, nos paroles, nos pensées ont une destination. L'intersubjectivité est fondatrice d'une situation commune. La présence d'autrui est aussi une possibilité permanente d'orienter notre vie. Un **partage**, une communauté sont toujours possibles entre les consciences.

• La distance entre nous ne peut être ni gommée ni posée comme infranchissable. Elle doit être **respectée** si elle n'oppose pas les hommes. En ce sens, tout rapport à autrui est une **expérience morale**.

• **La liberté de chacun est en jeu** et pose le problème moral de savoir ce que je fais de *sa* liberté avec *la mienne,* et ce qu'il fait de la mienne avec la sienne. En ce sens, il peut être moyen ou obstacle, mais il est toujours une **fin en soi (Kant)**. Il existe devant et avec moi, en tant que personne.

Désir : manque et puissance

FICHE 7

I Désir et manque : souffrance et plaisir

1. Désir et besoin

Des besoins naturels expriment des manques qu'il est nécessaire de combler (soif, faim, etc.). En revanche, le désir est une tendance consciente vers un objet imaginé ou conçu. Il est dit « capricieux », car il augmente, diminue, passe d'un objet à l'autre comme si aucun ne pouvait le satisfaire pleinement. Il s'accompagne d'une souffrance (*pathos*) due au manque de l'objet, signe de la passivité du sujet affecté par l'absence de l'objet désiré.

2. Désir et plaisir

- Mais une fois acquis, l'objet procure du plaisir. Le désir dessine donc un objectif à atteindre. Entre désir et plaisir, le rapport au temps change. Le désir projette dans le futur, alors que le plaisir est un sentiment provoqué par la présence de l'objet.

- Le sujet éprouve désir et plaisir, ou aversion et peine. Désir, aversion, plaisir et peine sont ainsi quatre passions (*pathos*) qui meuvent et émeuvent l'âme de diverses façons (stoïciens).

II Les désirs, illimités et insatiables

1. Désir et démesure

- Celui qui se laisse aller à suivre tous ses désirs en est vite le jouet. Les assouvir ne les éteint pas : ils renaissent, visent d'autres objets. Excès, le désir exprime une démesure (*ubris*, en grec).

- De plus, la réalité oppose des obstacles innombrables, limitant d'autant leur réalisation. Enfin, les désirs des hommes entrent en conflit et peuvent être source de violence. Désir et plaisir ne mènent donc pas nécessairement au bonheur.

2. Désir et frustration

- La question de la maîtrise des désirs se pose, car l'anxiété et la frustration peuvent envahir l'existence. À la force des désirs qui peuvent rendre l'homme esclave, il est nécessaire d'opposer le pouvoir de la volonté éclairée par la raison.

« [Les hommes ont] un désir perpétuel et sans trêve d'acquérir pouvoir après pouvoir, désir qui ne cesse jusqu'à la mort. »
T. Hobbes

• Mais la **répression des désirs** ne peut-elle avoir des effets inverses de ceux attendus ? Que faut-il entendre par *maîtrise* des désirs ?

III Désir, puissance de l'homme

1. Désir et quête d'absolu

• Il y a toujours inadéquation entre ce que fait miroiter le désir et ce qu'offre la réalité pour l'assouvir. Mais justement, le désir n'ouvre-t-il pas sur un **absolu** que seul l'homme peut espérer atteindre ? René, le héros de Chateaubriand, souffre de cette **inadaptation au réel**, mais il y voit aussi l'expression d'une **force** vitale et de tous ses **espoirs**. Le désir est l'affirmation d'une **existence à créer**.

• De plus, il y a du **plaisir** à désirer. Et Dom Juan montre que, dans sa quête effrénée, l'objet de son désir est son désir même.

2. Désiré et désirable

• Dès lors, est-ce parce qu'on désire une chose qu'elle est désirable, ou parce qu'elle est désirable qu'on la désire ? Dans toute culture, le désirable varie, selon les coutumes, les époques, les lieux, etc.

• Cependant, plus que la concrétisation dans des objets ou des objectifs, n'est-ce pas la **nécessité de désirer** qui prime ? Le désir est **l'essence de l'homme**. Et, dirigé vers tel ou tel objet, le désir le rendrait désirable.

IV Désir et éthique

1. Désirs du corps, désirs de l'âme

La distinction entre les désirs liés au corps et ceux de l'âme seule conduit à s'interroger sur leur sens et leur valeur, qui conditionnent des choix d'existence. C'est une **question de liberté d'esprit**.

2. Désir et joie

• L'**ambiguïté** du désir, capable de nous abaisser et de nous élever, pose un **problème éthique**. La **raison** doit établir des bornes, sachant que sans le désir, elle ne suffirait pas à **combler les espoirs** de l'homme.

• La **joie** du savant, de l'artiste, du sage, résulte de leur **désir du vrai, du beau, du juste**. On ne désire jamais trop le juste (Descartes), si l'on ne confond pas vertu et fanatisme.

Passions et liberté

FICHE 8

I Passion et passivité

1. Passion et affectivité

On ne décide pas d'être passionné : on « tombe amoureux », métaphore d'une chute vécue plutôt comme un envol... L'étymologie révèle cette passivité du sujet qui subit un état lié à une **souffrance** (*passio*), un bouleversement de son affectivité, de sa pensée et de ses actes.

2. Tendance polymorphe

Cette tendance, durable et exclusive, agit sur la totalité de l'existence privée et sociale. Elle peut survenir brusquement, ou de façon insidieuse, progressive. La passion **polarise tout sur son objet** (être aimé, jeu, etc.). Et les objets sont multiples, les passions polymorphes.

II Passion : enthousiasme et insatisfaction

1. Passion et destin

Paradoxalement, ce caractère involontaire peut être vécu comme le signe d'une élection : touché par le destin, le passionné se singularise. Sa passion s'offre comme une **vocation**. Sa vision du monde, des autres et de lui-même change. Il s'ouvre sur l'absolu, le parfait, le pur, l'éternel. Son visage, ses gestes, sa fougue, tout indique qu'il est soulevé par un **enthousiasme** à la mesure de sa passion.

2. Passion et finitude

En même temps, il souffre, est **inquiet**, insatisfait, voire torturé. Jamais la réalité ne peut combler son attente. Il est pris entre une réalité limitée et une passion, source d'**illusions**, qui exige qu'il brise les limites de la finitude.

3. Passion et bonheur

Mais ce qu'il vit est passionnant, il le dit, même s'il ne parvient pas à bien exprimer le caractère exceptionnel de son vécu. Son expérience est exaltante et indicible. En ce sens, la passion **libère** le sujet des contraintes de la plate réalité en lui donnant un relief **extraordinaire**. Un **bonheur** suprême ne serait-il pas atteint si nous pouvions réaliser cette passion ?

III Passion et vice

1. Passion et perte de maîtrise de soi

Cependant, l'ambiguïté de la passion est flagrante. Cette tendance involontaire exclut la possibilité de choix, de liberté donc. Le sujet subit la loi de la passion, il peut en perdre la raison. Faiblesse, dégradation, déchéance peuvent suivre et transformer l'existence en calvaire : joueur ruiné, crime passionnel, etc.

2. Passion et fanatisme

- Le passionné ne maîtrise alors plus ses jugements ni ses actes. Il perd le sens des réalités, de la mesure. La passion peut ainsi conduire au vice. Aveuglé, le fanatique commet l'irrémédiable : sa passion le pousse à faire le mal.

- Alors, la liberté que la passion révélait semble n'être qu'une illusion. Elle représente un obstacle majeur à la liberté authentique. Il y a une aliénation réelle de l'individu. Une lutte nécessaire de la raison, politique et morale, contre la passion n'est-elle pas exigée pour retrouver une volonté autonome ?

IV Passion et vertu

1. Maîtrise des passions

- Le rapport entre passion et liberté est problématique et inhérent à la nature humaine. Si la maîtrise des passions est nécessaire quand elles sont contraires au droit ou au devoir, il n'en demeure pas moins que l'homme raisonnable ne peut se passer de la force qu'elles lui insufflent.

- Le dynamisme dû aux passions est à l'origine de bien des actions et des œuvres humaines. L'artiste, le scientifique sont des passionnés. Cette maîtrise doit être entendue, non comme une ruine des passions, mais comme la recherche de leur bon usage.

2. Passion et sagesse

- Le vrai sage, homme libre et vertueux par excellence, n'est pas un être insensible et sans passion, au contraire. L'Histoire montre que les grands hommes sont de grands passionnés et que leurs œuvres singulières changent le cours de l'Histoire (Hegel).

- Encore faut-il que, dans le déploiement de leur passion subjective, ils soient lucides et agissent en étant pleinement conscients de leur responsabilité (Kierkegaard). La passion est alors un élément essentiel d'une authentique et libre existence.

Imagination et réalité

FICHE 9

I L'imagination au service de la perception

1. Image et reproduction

- L'imagination est la faculté d'élaborer des **reproductions de la réalité**, des images. Soumise à l'**expérience** sensible, auxiliaire de la **perception** et de la **mémoire**, elle associe les images qu'elle en tire. Ce travail psychique modifie notre rapport au temps et à l'espace.
- L'imagination nous permet de **prévoir** : imaginer les suites d'une action éventuelle, ce n'est plus seulement réagir aux stimulations du présent, c'est **anticiper**, se préparer à agir.

2. Liberté et imagination

- Reproduire n'est donc pas simplement redoubler le réel perçu : si les éléments qui composent l'imagination sont tirés de la perception, elle possède cependant une faculté de les **composer** de manière inédite. Ajouter une image au présent, c'est l'**enrichir** et le compléter en lui donnant une forme future. En « faisant preuve d'imagination », nous sortons de la répétition attendue, nous innovons et surprenons.
- D'ailleurs, percevoir n'est pas seulement collecter les sensations, mais déjà imaginer et se souvenir, **se représenter** (Alain). Est-il possible de concevoir une imagination libérée de la perception, de voir en elle un acte d'**émancipation** ?

II Imagination et réalité

1. L'opposition de la raison

- L'imagination peut créer un avenir qui ressemble au passé. Mais la ressemblance n'est pas une identité : l'imagination est un **pouvoir déformant**, du passé comme du présent. C'est pourquoi la raison la condamne souvent, reconnaissant son emprise possible sur notre esprit.
- L'imagination devient dangereuse lorsqu'elle nous fait croire que ses objets sont plus réels que ceux que la raison nous représente : elle est **« déréalisante »** et exerce une séduction opposée à la rigueur d'une démarche rationnelle.

2. Le délire

- L'ambiguïté du pouvoir de l'imagination tient à ce que, hors du contrôle de la raison, elle peut conduire à une **vision délirante du réel** (*délirer*, « sortir du sillon », *lira* en latin). Une maîtrise de l'imagination s'avère nécessaire pour ne pas sortir du réel et sombrer dans la folie ou le rêve éveillé. L'exemple des **chimères** montre que la composition d'une image peut être détachée de la cohérence du réel. L'imagination doit **se mesurer au réel** qui a valeur d'**épreuve** et de matière sur laquelle elle peut s'exercer.

- Si l'imagination témoigne d'un pouvoir de dépassement de la réalité, celui-ci n'est cependant pas absolu. L'enfant qui a une imagination « débordante » l'apprend parfois à ses dépens : il peut sortir du réel ou le magnifier.

III Imagination et création

1. Jeu et possible

- L'enfant apprend à faire la **distinction** entre le **jeu** et la **réalité** qu'il modèle au gré de ses désirs, de ses pensées. L'imagination révèle en lui un esprit qui se cherche et impose ses desseins aux choses. Comme **forme de la conscience**, elle vise un objet absent tout en le rendant actuel. Si la réalité est un espace de jeu pour l'enfant, c'est qu'en imaginant il découvre le pouvoir de **créer des possibles**.

- Faire « comme si » est l'indice d'un pouvoir supérieur de l'homme sur le réel. « Manquer d'imagination » est le défaut d'une part essentielle de la vie de l'esprit. En imaginant, l'homme prête ses hypothèses au réel : il ne le prend plus seulement pour ce qu'il paraît, il envisage sa transformation.

2. L'imagination comme construction

- Le réel est récupéré au profit d'un **dessein spirituel** : l'imagination témoigne alors de cet effort singulier de la pensée humaine, qui ne peut comprendre que ce qu'elle peut reconstruire par ses propres moyens.

- Ce n'est plus seulement compléter ou reproduire le réel, mais **créer** des « mondes imaginaires » ou des fictions. C'est densifier le réel, lui donner une épaisseur qu'il n'avait pas. En cela, l'**imagination** est le signe de notre **liberté**, et autorise à concevoir un **progrès de la pensée** humaine.

> « L'imagination […] nous détache à la fois du passé et de la réalité. Elle ouvre sur l'avenir. »
> **G. Bachelard**

Illusion et réalité

FICHE 10

I Ambiguïté du sens commun de l'illusion

L'illusion est souvent attachée aux idées de tromperie, de mystification : « illusion d'optique », « se faire des illusions ». *Illudere*, en latin, veut dire « se jouer de… ». Mais « avoir perdu ses illusions », n'est-ce pas aussi une souffrance ? N'est-ce pas ne plus espérer que la réalité réponde à ses attentes ?

II L'illusion, polymorphe et trompeuse, nous abuse

1. Illusion et sens

- Un bâton plongé dans l'eau *paraît* cassé au niveau de la surface. C'est une illusion des sens. L'erreur de jugement consiste à **assimiler le paraître et l'être.** Mais sur quoi nous appuyer pour dire, avec certitude, quand et pourquoi nous pouvons nous fier à ce que nous voyons, entendons, etc. ?

- Une **attitude sceptique** est nécessaire, le risque étant bien réel : un mirage peut mettre en péril notre vie. L'illusion est source de confusion. Il est donc utile de ne pas avoir une confiance aveugle en nos sens.

- De plus, la **vérité** est en jeu : la **science** doit critiquer la perception (Bachelard), source possible d'illusion qui doit être l'objet d'un **doute méthodique**. Et connaître la véritable réalité, aide à « marcher avec assurance en cette vie » (Descartes).

2. Illusion et imagination

Sous l'effet des **désirs** et des **passions**, l'imagination est créatrice d'**illusion**, comme la « cristallisation » dans la passion amoureuse (Stendhal). On voit ce qu'on désire ou craint de voir, ainsi coupé de la réalité, des autres et de soi. L'illusion peut être source d'une **aliénation** qui ampute la liberté.

> « [L'illusion est] dérivée des désirs humains. »
> **S. Freud**

3. Illusion et discours

- L'**opinion** (*doxa*) est une **illusion de savoir**, elle se contente du **vraisemblable**. Mais l'opinion est aussi produite par ceux qui la manipulent, tels des illusionnistes : un sophiste peut persuader quelqu'un que ce qu'il dit est vrai, par un discours brillant qui fait illusion.

• Ainsi, les facultés de juger et d'agir librement sont menacées, et le rapport au monde, aux autres et à soi est en danger. L'enjeu politique, moral ou religieux est important.

III Prendre conscience d'une illusion

1. Illusion et responsabilité

Cependant, n'est-ce pas le sujet pensant qui est responsable de succomber à l'illusion ? Le danger ne vient pas tant de l'illusion elle-même, que de l'attitude de celui à qui elle se présente, et qui peut préférer la séduction plaisante de l'illusion à la difficulté d'affronter la réalité. Celui qui « prend ses désirs pour la réalité » se fait des illusions, et il en est responsable. Non seulement il nie la réalité, mais il ne réalise pas ses désirs.

2. Illusion et erreur

• L'illusion existe : le plus dangereux serait de la masquer ou de l'entretenir, par l'ignorance ou la démagogie, par exemple. La puissance d'imaginer ne doit pas faire perdre le sens de la réalité.

• La conscience d'une illusion peut ne pas la détruire, mais empêche que le jugement lui soit soumis. L'illusion des sens demeure, alors que l'erreur de jugement peut être rectifiée. Enfin, une belle rhétorique peut être mise au service de la vérité.

IV Art et illusion

1. Illusion et existence

Peut-on vivre sans illusions ? Y aurait-il un rôle positif de l'illusion ? L'artiste donne à l'illusion un rôle essentiel dans la quête du sens et de la vérité sur le mode esthétique.

2. L'illusion artistique

• Il ne s'agit pas de « faire illusion » en trompant sur la valeur de son œuvre, mais d'être un authentique « illusionniste », dit Maupassant en parlant du réalisme en art. La fiction, « donnant l'illusion de » la réalité, la dévoile et ne trompe pas.

• L'art participe de la façon dont l'homme construit un monde, aussi bien chez l'enfant qui fabule que chez l'artiste qui crée.

Temps et conscience

I Temps et irréversibilité

1. La nature du temps

• Le temps, forme de la succession, donne à notre existence une direction et une **condition**. Nous pouvons modeler en partie le sens de notre existence, mais ne pouvons arrêter le temps ni inverser son cours. Il se présente à nous sous la forme de l'**irréversibilité**. N'est-il pas alors le signe même de notre **impuissance** ?

• Par cette qualité particulière, le temps nous conduit à un terme connu, la **mort**, et nous impose une perte (« temps perdu », Proust). Mais nous avons un **passé** : que devient-il avec le temps ?

2. Perte et finitude

• Le **souvenir** rend actuel, de nouveau, ce qui n'est plus là ; à l'opposé, l'**imagination** projette dans notre avenir la **représentation de notre mort**. La **conscience du temps** est savoir de notre finitude. En ce sens, le temps nous blesse et nous emprisonne. Cette connaissance donne à notre existence le sens d'un devenir orienté. Ce n'est pas seulement un temps extérieur à notre personne. Notre **identité** elle-même « est **en devenir** » : notre être change.

• Notre impuissance à l'égard du temps ne se double-t-elle pas alors d'une incertitude sur nous-même ?

II Temps et identité

1. Conscience et durée

• Notre conscience est *temporelle*. L'expérience que nous avons de notre pensée le montre : développer une idée exige une certaine durée ; notre existence vient de s'écouler et le temps semble l'étoffe même de notre pensée en train de se faire. Il y a une relation singulière de notre conscience au temps.

« [La conscience vit] une durée au rythme déterminé, bien différente de ce temps dont parle le physicien. »
H. Bergson

• Nous pouvons *penser* un **temps** unique et **objectif** (temps de l'univers ou temps social), homogène et quantitatif, identique pour tous, découpé en heures, minutes ou secondes, temps de la science. Mais notre conscience intime saisit une **durée** hétérogène et qualitative de nos **états subjectifs** (« ne pas voir le temps passer », « trouver le temps long »). Elle unit passé, présent et avenir.

2. L'expérience du temps

- En ce sens, exister, c'est trouver en nous une **coexistence de durées** ayant des tonalités différentes. L'existence possède une certaine *unité* dont la conscience est le fondement. Mais cette unité repose sur une expérience vécue du temps, toujours originale et propre à chacun. Le temps de notre conscience est donc l'**écoulement** perpétuel d'une durée vécue, multiple et qualitative.
- Notre **identité** rassemble des moments épars du temps dans une unité singulière et mouvante. L'expérience de cette multiplicité est celle d'une relation complexe et individuelle au temps, irréductible au seul temps objectif.

III Les sens du temps

1. Temps et création

- Le temps n'est pas seulement *subi*. Il s'offre comme une **durée originale** que nous pouvons **construire**. Le temps vécu possède des directions et des significations diverses. Dire que les hommes ont un passé, un présent et un avenir ne suffit pas.
- Il importe de savoir ce que sont ces directions pour eux. Il y va de leur *être*. Savoir, par exemple, que nous avons un **avenir**, signifie que nous comprenons le temps comme **facteur de nouveauté** pour notre existence.
- La conscience du temps confère à l'existence la signification d'une **création originale à réaliser**, et non la répétition de ce qui a été.

2. Existence et sens

- Cette situation voue l'homme a une incertitude fondamentale : l'existence ne possède pas de sens, ni un sens, qui lui préexiste. Le temps de notre existence, que nous devons construire, est l'occasion d'exercer notre puissance et notre **liberté** : l'existence est alors « création de soi par soi » (Bergson).
- Exister, c'est donc faire l'expérience de deux sens différents du temps, à la fois **possibilité d'une destruction de notre être et espoir**, parce qu'il se déploie en nous et devant nous, et nous invite à **nous engager**. Allié et ennemi, moyen et obstacle en même temps, il nous appartient de vivre avec cette ambiguïté pour réaliser nos fins.

Perception et espace

FICHE 12

I Recevoir et structurer l'espace

1. Spatialité des choses

• Il semble évident que toute perception d'un objet suppose l'espace. De même, pour la conscience qui se représente un objet, celui-ci apparaît avec sa spatialité. En ce sens, l'espace est à la fois toujours solidaire de la perception et toujours donné à la conscience d'une manière immédiate. La perception saisit l'espace *avec* l'objet.

• Toutefois, n'est-ce pas alors réduire la perception à une réceptivité passive ? Si la sensibilité est une activité intelligente, ne doit-on pas penser qu'elle est aussi organisatrice de l'espace ?

2. Sensation et signe

• Prenons l'exemple du toucher : sens d'exploration, il me livre une connaissance sensible de l'étendue. Le contact entre la main et le corps touché n'est, considéré dans l'instant, qu'un « point » de contact. En déplaçant ma main, je relie les uns aux autres les différents points touchés. Une opération de synthèse de la conscience me permet de former une surface. Le temps est ainsi lié à l'expérience perceptive de l'espace.

• Prenons l'exemple du sens auditif. J'entends une voiture se rapprocher de moi. L'augmentation de l'intensité sonore est convertie en modification spatiale. La sensation est le signe d'une chose à distance. Les sens de la distance nous livrent des signes anticipés et annonciateurs des choses.

II Intelligence et corps

1. Espace et esprit

• L'espace dont nous sommes conscients n'est pas seulement un espace qui nous touche et stimule notre affectivité, mais un espace que nous nous représentons (à distance justement) et qui en rend possible une connaissance.

• La perception ne fait pas que récolter ce qui est reçu, elle est une activité qui structure un espace particulier. L'esprit, qui en est solidaire, doit s'en abstraire pour former une idée de l'espace, conçu abstraitement comme milieu *homogène, quantitatif et illimité*, et non plus seulement comme espace *perçu, qualitatif et vécu*.

2. Objectif et subjectif

- Cependant, l'espace n'est pas lui-même un objet de perception : il est plutôt le cadre dans lequel vient s'insérer l'activité perceptive. La sensation a une signification spatiale parce qu'elle rencontre une matière extérieure à elle.

- La qualité des sensations (les couleurs par exemple) et leur intensité (intensité des sons par exemple) sont des mécanismes qui assurent une connaissance perceptive de la nature et de la distance d'un objet (ce qui ne va pas sans erreur).

- On comprend donc en quoi la perception est réceptive : elle reçoit, par les organes des sens, « quelque chose » qui lui est « jeté » (ob-jet). Mais elle élabore ces données sensibles : les sensations dont elle se compose nous livrent une connaissance à la fois *objective* et *subjective* de l'espace extérieur.

III Espace vécu et conscience

1. L'espace vécu

- L'espace est le fruit d'un travail perceptif qui présuppose une activité intelligente enracinée dans l'expérience corporelle de l'espace. Avoir un espace et être dans un espace reposent sur la réalité fondamentale du corps. Celui-ci assume un espace vécu, affectif et cognitif, dans la perception.

- Nous pouvons parler d'une relation perceptive non pas seulement à l'espace, mais à des espaces. Il y a plusieurs manières d'« habiter » l'espace (Merleau-Ponty).

2. Espace et sens

- De même, il y a plusieurs manières d'en interpréter le sens. L'espace vécu de l'enfant diffère de l'espace esthétique engendré par l'art. Il n'y a pas qu'une seule manière de percevoir, intemporelle, pas plus qu'il n'y a qu'un seul espace.

- Des relations complexes se nouent entre une existence et ce qui constitue son cadre naturel d'expression, son milieu. Cet espace vécu ne peut donc se comprendre qu'en étant mis en rapport avec l'activité d'une conscience qui le perçoit. Il nous montre que la vie de la conscience ne se comprend pas sans une extériorité.

Perception et jugement

FICHE 13

I Percevoir et penser

1. Perception et représentation

• La **représentation** sensible est un ensemble unifié et cohérent de perceptions résultant du **rapport sensoriel** aux **choses**. Elle s'affine par la **répétition** et la **mémorisation** des expériences vécues qui enrichissent, renforcent ou stabilisent l'**image** de la chose. Ainsi, par l'habitude, un **savoir empirique** se constitue et permet de **s'orienter** dans le réel.

• Perdre un sens ampute cette possibilité, la rend plus difficile. Lorsqu'un sens manque, les autres sont sollicités pour compenser le handicap, jusqu'à atteindre une performance supérieure à la normale. **La perception s'éduque**, se cultive : un aveugle est plus réceptif au son, à l'odeur et au toucher ; un sourd est plus attentif aux couleurs, etc.

2. Perception et jugement implicite

• La **perception** semble donc résulter de la saisie passive des données sensibles. La sensibilité est une **faculté de réceptivité**. Cependant, nous élaborons une forme générale (*idea*) de la chose, résultat de notre **faculté de juger**. Juger, c'est penser, « unir des représentations dans une conscience » (Kant). Cette liaison signe une activité de notre esprit qui saisit les données de l'expérience sensible, activité le plus souvent inconsciente, implicite.

• Par exemple, si je me trouve dans une clairière inconnue, je n'y suis pas complètement perdu, désorienté. L'**image**, le « schème » (Lagneau) que j'ai de la clairière, permet une **reconnaissance** minimale du lieu. Cependant, **reconnaître une chose** déjà vue ou semblable à du déjà-vu, **n'est pas la connaître véritablement**.

II Percevoir et concevoir

1. Imagination et conception

• Comment s'opère le **passage de la perception à la conception** ? Y a-t-il une autre *synthèse* ? Par exemple, percevant un polygone de mille côtés, je n'arrive pas à en former une image précise. Mon imagination est dépassée. Je le vois mais n'en perçois qu'une forme imprécise.

- Si je quitte l'ordre de l'image et compte les côtés, je forme un concept simple : le chiliogone (Descartes). L'image imprécise est remplacée par l'idée claire et distincte, conçue sans difficulté.

2. Perception et entendement

- La perception ne peut être science. Elle est liée à l'expérience singulière d'un sujet. De plus, elle ne peut être améliorée à l'infini : j'ai beau m'exercer, je buterai sur une limite de mes sens et de mon imagination. Enfin, une illusion des sens demeure telle quelle, mais je peux toujours retenir mon jugement sur la chose et ne pas tomber dans l'erreur. Le jugement peut être détaché de la perception. En effet, il relève ici d'un discours rationnel objectif faisant abstraction des perceptions subjectives.

- Ainsi, l'entendement me permet d'élaborer en esprit des idées qui ne sont pas tributaires des limites de la perception. Alors, s'il est vrai que, sans les sens nous ne pourrions pas entrer en contact avec les choses, ils ne suffisent pas à nous les faire connaître. La perception doit laisser ce rôle à un jugement de l'entendement qui conçoit, et non « aux témoignages des sens qui ne nous donnent que des exemples » (Leibniz).

III Perception esthétique

1. La vision artistique

Cependant, dans le domaine de l'art, la perception conserve un sens et une valeur essentiels et irremplaçables. Les beaux-arts montrent combien la perception esthétique peut être riche et complexe. L'artiste, aussi bien que le spectateur de l'œuvre d'art, montrent à quel point la sensibilité est une voie d'accès au sens et à la vérité sur le mode esthétique, sans le détour par le concept.

2. Perception et beauté

Le « jugement de goût » (Kant) exprime le sentiment du beau et un lien à la fois subjectif et objectif entre le monde et l'homme (→ *voir fiche 26, p. 57*).

Mort et existence

I Mort et sens de l'existence

1. Nécessité et choix

• La mort toujours survient, comme extérieure à l'homme. Pourtant nous savons qu'elle œuvre aussi en nous. Le **vieillissement** est une progression irréversible et silencieuse vers la mort ; mais il y a un pas entre le comprendre et le vivre, l'accepter. Se pose à l'homme le problème de son **attitude face à la mort** : doit-il l'oublier ou la penser ?

• Le **suicide** est un acte complexe, affirmation paradoxale de la **volonté** qui vise à s'anéantir. L'homme peut le vouloir, ce qui est encore une manière de s'engendrer. Il demeure **ambigu** : refus désespéré de notre nature ou bien expression même de notre dignité morale.

2. Sens et néant

• Si la mort est un anéantissement, elle **donne pourtant sens et valeur à l'existence**, ouvrant l'espoir d'avoir une vie à créer et, par conséquent, de pouvoir devenir quelqu'un. La **liberté**, introduisant de l'incertitude dans la vie, lui donne justement son caractère unique.

« Un homme libre […] ne pense à aucune chose moins qu'à la mort, et sa sagesse est une méditation de la vie. »
B. Spinoza

• Mais le sens total de l'existence n'apparaît pas en elle : c'est ce que **Sartre** semble dire lorsqu'il déclare que **« je *suis* »** n'a de sens pour l'homme qu'au moment de sa mort. Auparavant, **j'ai *à être*** : la mort venue, tous mes *possibles* s'éteignent. L'homme rejoint alors ce qu'il était et ne peut plus en changer le sens.

II La mort comme libération

1. Absurdité et mystère

• Toutefois, dire que la mort donne sens à la vie tend peut-être, de fait, à en diminuer l'évidence : la mort est un *phénomène* lui-même privé de sens, absurde. Elle donnerait sens, sans en avoir elle-même, ce qui est **source d'angoisse** existentielle et la rendrait mystérieuse.

• Angoisse justifiée : nous ne savons pas ce qu'est la mort. En éteignant notre être, elle éteint toute possibilité de savoir. Comment l'homme pourrait-il s'y résigner ? Il peut tout au plus croire à son **immortalité** : son **corps** meurt, mais son **âme** accède à une vie éternelle. La mort est ici pensée comme **libération**.

2. Religion et âme

- Les compréhensions religieuses de la mort tendent vers cette libération. **Socrate** banalise également ce qui va lui arriver : sa mort, à l'image de sa vie, est pour l'âme immortelle une heureuse **délivrance de ses attaches terrestres**.

- Mais, si l'on refuse une telle croyance, que reste-t-il quand la mort survient ? La corruption du corps et de l'âme, c'est-à-dire leur dissolution dans l'univers ; paradoxalement, on peut en tirer le même précepte : nous n'avons pas à craindre ce moment. La mort n'est alors que **factuelle**. Elle nous invite pourtant à méditer sur son mystère.

III La mort et l'interrogation métaphysique

1. L'altérité de la mort

- Il s'agit d'un drame vivant : ce brutal passage de l'être au non-être ne se laisse pas cerner en tant que tel. On ne peut en faire l'expérience. L'existence devient tout à coup une pure étrangeté pour ceux qui vivent.

- L'homme a beau essayer de se raisonner, il ne peut jamais complètement faire que son existence ne soit pas habitée par la mort. Son mystère est sa **radicalité**, étant totalement *autre* que la vie. Les hommes attendent une rencontre qui n'aura pas lieu : quand la mort survient, la vie n'est plus.

2. Finitude et désir

- Terrifiante, la mort donne un sens **tragique** à la vie. Nous ne pouvons saisir dans l'existence que ce qu'il y a de vivant en elle. Notre vieillissement est un processus vivant. La conscience humaine est donc en proie à une chose impensable : l'instant de la mort.

- Nous concevons qu'il y ait un au-delà de la mort, mais non ce qu'elle est en elle-même. L'homme a pourtant le profond **désir de l'immortalité** ; mais ce désir paraît inconciliable avec sa condition d'existence. Il y a donc bien une **justification métaphysique** de l'existence. L'homme peut combattre la mort et ainsi espérer la vaincre. Elle l'interroge sur sa **finitude**.

BILAN

Le sujet

FICHE 15

TEST-BILAN

→ *Réponses au verso.*

1. En quoi la culture est-elle déterminante pour l'homme ?
2. Pourquoi l'identité individuelle est-elle difficile à cerner ?
3. D'après Freud, de quoi un rêve est-il l'expression ?
4. Autrui est-il seulement l'autre ?
5. Qu'est-ce qui détermine la faculté de désirer ?
6. Que veut dire imaginer ?
7. Quelles sont les principales caractéristiques de la conscience du temps ?
8. L'espace n'est-il qu'un cadre ?
9. Percevoir, est-ce connaître ?
10. La mort est-elle seulement négation de la vie ?

SCHÉMA-BILAN

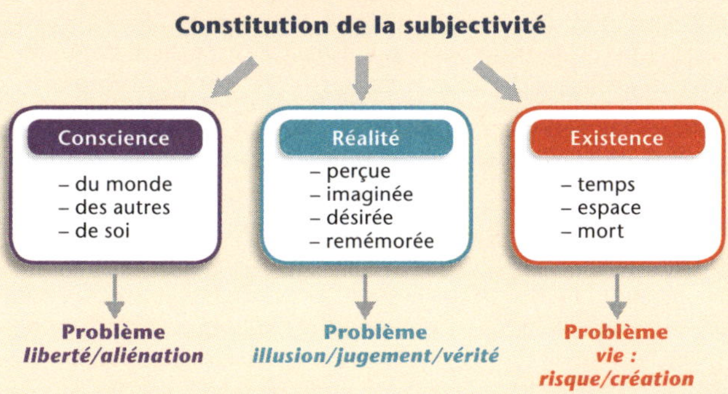

Réponses :

1. Elle détermine sa sortie d'une nature première, celle de « l'enfant sauvage » ; modèle sa conscience réfléchie par des significations (langue), des actions (conduites) et des valeurs (idéaux) qui vont lui permettre de donner un sens à son histoire individuelle et collective, et régler ses rapports au monde, aux autres et à lui-même.

2. L'existence n'est jamais seulement individuelle : elle est d'emblée sociale, historique et culturelle. Le sujet est en devenir au cours du temps : prétendre le cerner reviendrait à en figer l'identité à un de ses moments. Elle se redéfinit, se modèle, s'enrichit, et la conscience que nous en avons ne peut qu'être lacunaire, incomplète ou en retard sur ce vers quoi elle tend.

3. D'un ou de plusieurs désirs refoulés, qu'il symbolise de manière déguisée, sous l'effet d'une censure qui protège le moi contre eux.

4. Non : autrui, c'est l'autre *que moi*. Il est lui-même un sujet ayant une conscience, une histoire et une fin en soi. Son altérité est réelle sans être absolument séparatrice pour nos existences. Altérité sur fond de ressemblance, ressemblance sur fond d'altérité.

5. La faculté de désirer est nourrie et orientée par la culture, l'éducation et l'histoire de façon déterminante. Les objets du désir changent selon ces déterminations.

6. Imaginer c'est soit former la représentation d'une chose perçue (reproduire), soit créer la représentation d'une réalité autre que celle que nous percevons habituellement (produire). En cela, l'imagination est « déréalisante » (Bachelard).

7. Succession, continuité, irréversibilité, nouveauté et imprévisibilité (voir la *durée* chez Bergson).

8. Non : il faut distinguer l'espace quantitatif et l'espace qualitatif. Le premier correspond à celui mesuré par la science (espace objectif : géométrie, physique). Le second est relatif à la conscience humaine qui l'aménage et le construit (espace vécu, social et subjectif).

9. La perception est au service de la vie et de l'adaptation : elle est une connaissance subjective du milieu naturel ou social. Mais percevoir n'est pas concevoir, qui ouvre sur une connaissance objective et rationnelle.

10. Non, la mort est aussi ce qui donne sens, c'est-à-dire orientation et signification, à la vie ; comme fin connue, mais ne pouvant être éprouvée directement, elle nous invite à ressaisir le mouvement de notre existence comme temporalité. « La vie est mortelle [...] cela appartient à sa nature et n'en peut jamais être séparé, fût-ce en pensée. » (Hans Jonas)

Mémoire et histoire

FICHE 16

I Évocation et connaissance

1. Le souvenir

• Nous avons une **conscience du passé** issue du fonctionnement naturel de notre **mémoire**. Nos souvenirs sont la possibilité de nommer (mots) ou de figurer (images) notre vie et des événements passés. Ils se présentent de manière peu ordonnée, livrant ce temps antérieur par morceaux, et se modifiant en évoluant. Il s'agit plus d'évocation que de connaissance de notre passé.

• Nous *sommes* notre passé. Celui-ci imprègne notre présent et notre avenir, et détermine en partie ce que nous devenons.

2. Ambiguïté de la mémoire

• Nous croyons spontanément à la véracité de nos souvenirs. Mais nous pouvons douter de la valeur de témoignage de notre mémoire. Confrontant nos souvenirs à ceux d'autrui, nous pouvons parfois constater d'étonnantes distorsions. Le sens n'est pas évident ; il est relatif à un travail d'**interprétation**.

• Ainsi, l'évocation présente, volontaire ou non, est déjà une certaine compréhension du passé, sa relecture. N'est-ce pas l'indice d'un **écart inévitable entre la mémoire et le passé** ?

II Mémoire historique et représentation du passé

1. Le passé historique

• **L'histoire**, science du devenir collectif et individuel, rencontre une difficulté similaire. Elle doit **douter de la vérité** de ce dont elle témoigne. Pour être une mémoire, il lui faut également des « souvenirs », des traces du passé laissées par les hommes : faits matériels (monuments, par exemple), écrits, témoignages.

• L'historien n'est pourtant pas devant ces traces comme nous sommes devant nos souvenirs. Il ignore leur signification et leur valeur, alors que nous avons, plus ou moins, une compréhension immédiate de nos souvenirs.

2. Connaissance du passé

- Un **monument** possède un sens que nous comprenons (ce qu'il représente). Est-ce le connaître ? Il a des couches de **significations différentes**. Pour les saisir, il est nécessaire de les articuler avec l'ensemble du passé auquel il appartient.

- L'**historien** ne fait pas que recueillir : il **doit unifier notre vision du passé** humain. Être historien revient donc à construire des ensembles articulés où les fragments du passé s'insèrent, à établir des relations entre les différentes traces déposées par le temps et les hommes. C'est par ce travail seul que peut exister un passé historique *pour nous*.

III Mémoire historique et identité collective

1. Oubli et interprétation

- La mémoire oublie également. La mémoire individuelle opère un **tri involontaire** et constant dans notre passé. Notre identité est pleine de manques, de vides, résultats du fonctionnement même de la mémoire.

- La mémoire qu'est l'histoire est aussi confrontée à cette difficulté : **l'historien lutte contre l'oubli**. Il vise à restituer un passé, par le récit, de la manière la plus exacte et précise possible. Il ne peut rien faire d'autre que d'**interpréter** ce passé, ce qui signifie qu'il doit choisir dans le passé collectif, ne retenir que ce qui lui paraît important.

2. Responsabilité et identité

- **Le rapport de l'histoire au passé est conflictuel**, d'où les multiples réécritures de l'histoire. L'historien ne restitue pas seulement des faits, mais aussi des valeurs. Son travail engage le temps dans lequel il vit. La mémoire historique conduit à une **prise de conscience du présent** et de son sens.

- **Comprendre son passé** est un moyen fondamental, pour l'homme et pour toute société, de construire et d'affirmer son **identité**. L'historien y contribue, aidant à comprendre notre situation historique. En cela, l'histoire qu'il écrit engage sa **responsabilité**.

- De plus, il décide du sens du passé. L'histoire n'est pas confrontée à une vérité du passé, mais elle doit **en fournir le sens possible**. En tant que mémoire vivante, elle renonce à être l'énonciation d'une vérité définitive du passé. C'est le signe même de sa **valeur scientifique**.

Une histoire, des histoires

I Unité de l'Histoire et enquête historique

1. L'histoire comme devenir

- Le mot « histoire » signifie le devenir des hommes et le récit qu'ils en font. Quand on se réfère à l'**Histoire** (H majuscule), on se réfère à **un processus** historique, non à plusieurs. L'Histoire est « ce qui s'est passé », à un moment et en un lieu, et qui a été **vécu**.
- De plus, un **fait historique** est **unique** (« le » 14 juillet 1789), contingent, non reproductible, un événement imprévisible, daté chronologiquement. Il **se distingue du fait scientifique**, nécessaire, reproductible, rationnellement construit et prévisible.

2. L'histoire comme enquête

- Les premiers historiens grecs visaient à conserver et rapporter l'Histoire, *ce* qui s'est passé, *comme* ça s'est passé, pour en comprendre le **sens vrai** et en faire bénéficier les hommes. L'histoire est donc la **science du devenir humain** : **enquête** (en grec : *historie*) et **récit**.
- L'exigence de vérité justifie le principe d'**objectivité** des historiens, afin que l'Histoire soit préservée, sans dénaturation partisane orientée par les préjugés, les goûts, les idées d'une époque ou de l'historien.
- L'histoire, aux deux sens indissociables, renvoie donc à l'unité du **devenir** et à celle du **savoir** de ce devenir.

II Histoires et points de vue

1. Témoignages

- Cette dualité de sens indique un écart et un rapport entre Histoire et histoire. Tout d'abord, un événement renvoie à des **expériences** différentes. La multiplicité des **preuves testimoniales** montre à quel point l'Histoire recouvre en réalité une diversité d'**histoires individuelles et collectives**.
- Par ailleurs, la propagande ou la manipulation de la vérité historique, le défaut de **véracité** (faux témoignages) montrent que l'on peut « raconter des histoires », tromper et se tromper.
- Enfin, l'historien enquête sur *le* devenir, la réalité vécue par les hommes, mais il ne peut y accéder directement. Le passé reste à

jamais occulté, détruit en partie ou effacé, voire déformé par ceux qui l'ont vécu.

2. Interprétations

• Les historiens interprètent les traces, vestiges et témoignages, et forgent des documents. L'histoire n'est pas simple collection ou chronique, mais toujours engagement d'une conscience dans une enquête qui donne sens et valeur aux faits.

• De plus, hommes du présent, les historiens interrogent les traces du passé en fonction de l'idée qu'ils s'en font, et des questions qui les intéressent. Ils créent les documents dans le sens où ils les font sortir de l'ombre, de l'oubli. Alors, la subjectivité de l'historien intervient de façon décisive et positive, dans ce travail d'analyse et de synthèse.

> « Le bon historien n'est d'aucun temps ni d'aucun pays. »
> **Fénelon**

• L'historien est lui-même un sujet historique. Il y a donc un devenir de l'historiographie elle-même.

• Ainsi, l'Histoire, qui contient la multiplicité des histoires vécues, donne lieu à une multitude de récits, d'enquêtes et d'histoires.

III Le déterminisme historique

1. Causalité historique

Si l'historien, soucieux des liens de causalité entre les événements, peut saisir une unité globale qui pouvait échapper aux contemporains de l'événement, cette unité du processus révèle une « dialectique entre les hommes et leurs milieux, entre liberté et nécessité ». C'est le problème du « déterminisme historique » (Aron), de l'enchaînement causal des faits humains.

2. Conscience historique

• L'histoire, en tant qu'unique *et* multiple, est caractéristique de celui qui la vit : l'homme, capable de se penser dans le temps, n'a d'histoire que s'il en a conscience. Il ne se contente pas de faire, il veut savoir ce qu'il fait et doit faire.

• Plongé dans un monde et une époque qu'il n'a pas choisis, il s'en rend responsable, y découvre et crée sa raison d'être, librement. Ainsi, l'homme fait l'histoire, lui donne *du* sens. Pour la réflexion philosophique (Kant), l'unité de l'Histoire est une « idée régulatrice », le « fil conducteur » de la raison.

Langage, culture et identité

FICHE 18

I Le langage humain, médiateur culturel

1. Définitions

- **Le langage** est la faculté de constituer des ensembles de *signaux* et de *signes*. **La langue**, ensemble de signes linguistiques, en est la manifestation concrète. **La parole** est la façon dont le sujet s'approprie la langue et l'utilise pour s'exprimer et communiquer.

- **Le langage humain** est fait de signes et de symboles **culturels**. **Un mot** est un signe linguistique liant un son *signifiant* à un sens *signifié*. **Le signifié** relève d'une activité mentale, **la signification** est conçue. **Une langue** est composée d'un ensemble fini de signes dont l'usage est structuré par des règles.

- Prononcer des mots n'est pas encore parler, il faut les articuler entre eux. Les combinaisons de mots, réglées par la grammaire, sont en nombre indéfini. Ainsi, il y a une **double articulation** : un mot est une articulation de sons ; et les mots sont articulés les uns aux autres dans des **propositions sensées** exprimant la **pensée** de celui qui les forme.

2. Expression et communication humaines

- La communication **linguistique** se distingue de la communication **instinctive** animale. L'animal peut, par des signaux naturels spécifiques, exprimer un état vécu et appeler les individus de son espèce. L'homme également, mais son langage dépasse ces fonctions en passant des signaux aux signes culturels et par la possibilité d'une description de situations passées et d'une réflexion abstraite (Popper).

- Le **langage** est un **médiateur** essentiel entre soi et le monde, les autres, soi-même. Grâce à lui, nous nous représentons et exprimons la **réalité** sous une « forme mentale » (Gusdorf). Le mot fait exister la chose (*res*) dans un symbole. Un sens lui est donné. Dans toute culture, la langue est un prisme et un filtre grâce auxquels le monde prend signification. Elle transmet des **représentations** individuelles ou collectives.

II Langue et identité

1. L'apprentissage d'une langue

- Une langue est donnée à l'enfant par les autres. **Idiome acquis** par l'éducation, elle révèle ainsi la **faculté innée du langage**. L'enfant élabore une représentation du monde dont il peut ainsi disposer mentalement.

- Simultanément, il s'y intègre, y forge **sa place, son identité**. Par le « je » se pense et s'exprime une **conscience de soi**. Par son nom propre, il trouve sa place dans la langue et dans la société.

2. L'actualisation d'une faculté

- Un enfant « se met à parler », il « attrape » la langue qui lui est transmise. La langue proposée par ses proches permet à la faculté du langage de s'actualiser dans un idiome (français, arabe, etc.). L'enfant baigne dans un **milieu linguistique** (sonorités, accents, rythme, prosodie, sens).

- L'**enfant sauvage**, coupé de tout rapport humain, demeure *infans* (« qui ne parle pas ») et ne s'humanise pas (Malson). Sa **potentialité** demeure **virtuelle,** la faculté du langage ne s'actualise pas.

III Communauté culturelle et singularité des individus

1. Le milieu culturel

- Le **rapport aux autres** est primordial. Avec et par eux, l'enfant se réfère aux mêmes choses liées aux mêmes mots et, par là, aux mêmes idées. La langue est le milieu grâce auquel se constitue une communauté linguistique, un « nous », une **identité culturelle**.

- Grâce à la langue, l'individu élabore sa **propre personnalité**, en fonction de son tempérament et du caractère qu'il se forge au sein du groupe auquel il appartient.

« Une langue est un prisme à travers lequel ses usagers sont condamnés à voir le monde. »
G. Mounin

- L'**identité** est à la fois **collective** (linguistique, culturelle, sociale) et **singulière** (individuelle, personnelle, originale). C'est toujours un sujet qui parle, même si en lui s'exprime aussi une culture commune à d'autres.

2. Le problème du sens et de la vérité

Cependant, concernant l'expression de ce que sont objectivement les choses, aussi bien que du vécu subjectif, se pose la **question du sens, de la vérité et de la valeur du discours**, dans sa forme et son contenu.

Langage, objectivité et subjectivité

FICHE 19

I Langage et objectivité : théorie et pratique

1. Opinion et vraisemblance

- La diversité des opinions paraît ruiner la possibilité d'un discours objectif et vrai disant ce que *sont* les choses. En effet, l'opinion (*doxa*) exprime un jugement relatif et instable lié à une pratique subjective et habituelle des choses, dans un discours imprécis fondé sur des croyances.

- Elle exprime la vraisemblance, en vue d'une fin pragmatique, en fonction des besoins et des désirs. Elle est parfois efficace (opinion droite), mais n'a pas pour but l'énonciation de la vérité.

2. Théorie et vérité

- La théorie scientifique vise l'universalité et la nécessité de la vérité démontrée, dans un discours objectif. Définition de mots, de symboles, terminologie précise, logique, méthode, sont les exigences des sciences.

- Le vraisemblable suscite ambiguïtés et croyances, le vrai exige clarté et rigueur. Le discours scientifique, soucieux de vérité, doit rompre avec l'opinion, qui est un « obstacle épistémologique » (Bachelard).

3. Pouvoir de conviction et de persuasion

- Sur le plan pratique, le pouvoir des mots est considérable, à deux niveaux. Convaincre consiste à argumenter en vue d'amener quelqu'un à reconnaître objectivement les raisons de la vérité du contenu du discours. En revanche, persuader revient à tenir un discours dont la forme séduit celui à qui il s'adresse, pour qu'il adhère à ce qui est dit.

- Ces deux aspects sont liés. Tout discours a une forme, un objet et un objectif. L'art oratoire est un moyen de persuasion utilisable à des fins diverses : au service du vrai, du juste, du bien, c'est une aide précieuse. Pour convaincre, il est utile, voire nécessaire, d'être persuasif.

- Mais la rhétorique est aussi une arme redoutable : un meneur de foule peut fasciner par un discours brillant.

II Langage et expression de la subjectivité

1. Expression de l'affectivité singulière

Le langage nous permet-il d'exprimer et de communiquer ce que nous ressentons de façon intime ? Que pouvons-nous dire du **flux émotionnel** de notre affectivité ? Le pouvoir du langage est limité : sensations et sentiments ne peuvent être dits que de façon parcellaire, imprécise, à interpréter, à déchiffrer.

2. La généralité des mots

Les mots « joie », « tristesse » renvoient à la généralité des **concepts**. On peut ajouter des qualificatifs pour préciser, sans espérer que l'interlocuteur ressentira ce qui est exprimé. Au moment où nous désirons le plus partager notre intimité, les mots nous manquent.

3. Le travail de la parole

La **psychanalyse**, entre autres, affronte un aspect de cette limite, dans un travail sur soi par la parole. L'analyste est le médiateur de ce **dialogue entre soi et soi-même**. Est-ce le signe d'une faiblesse du langage et de la communication entre les êtres ou celui d'une exigence de recherche de sens et de vérité ?

III Poésie et philosophie

1. Le surnaturel poétique

- À sa façon, la poésie affronte cette difficulté. Par sa richesse expressive, elle donne **sens** au monde sur le mode **esthétique**. Le langage poétique crée une « surnature » (Baudelaire). La **polysémie** du mot poétique est sa force inépuisable. Il trouve un écho dans la sensibilité du lecteur en suggérant des sentiments (Bergson).
- C'est la forme poétique du sens vrai, de la vérité esthétique. Le lecteur lui prête son **affectivité**. Poète et lecteur sont à l'origine et à la fin de la création poétique.

2. Le discours *de* et *sur* l'homme

- Le langage est essentiel dans la pensée et le comportement des hommes, qu'il soit courant, poétique, scientifique, juridique, etc. Et pour cela, il est au cœur de l'interrogation philosophique.
- Non seulement la **philosophie** s'exprime dans un **discours**, mais elle pose les **problèmes du langage**, affrontant, sous cet angle, la question essentielle : « qu'est-ce que l'homme ? » (Kant).

Parole et communication

FICHE 20

I Les difficultés de l'échange

1. La médiation d'autrui

- L'homme n'est pas d'emblée un être parlant. Il doit s'approprier une parole qui lui permettra de s'exprimer et de s'insérer dans le monde humain. La **communication** est à construire : elle est parfois claire et simple, mais aussi souvent coupée, brouillée, voire impossible ou inutile.

- Elle indique donc la **possibilité d'un échange**, sans que ce but soit toujours atteint ou atteignable.

2. L'expérience de la parole

- La communication nous révèle aussi la **difficulté d'être soi** par la parole, qui n'est pas identique à notre conscience. Nous pouvons tromper par la parole, ne pas être sincère. L'expérience du **mensonge** fait découvrir cette **dualité de la parole et de la conscience**.

- De plus, nous n'arrivons pas toujours à faire comprendre à quelqu'un, de manière authentique, ce que nous éprouvons. La communication s'avère limitée, dans son contenu et dans sa forme : une parole juste et authentique est difficile.

- Cependant, en parlant, nous donnons notre parole à un autre. En ce sens, un échange reste toujours possible. Notre silence lui-même est éloquent ; « parler pour ne rien dire », c'est encore *dire* quelque chose, de manière directe ou détournée. Que penser de cette situation ?

II Distance et proximité

1. La communication

- Communiquer ne signifie pas fusionner. C'est un **transfert d'informations** d'un point de l'espace et du temps à un autre. Une pièce « communique » avec une autre : proximité spatiale et « couloir ». Pour qu'un tel passage de soi vers autrui puisse se faire, il faut partager un code assurant la transcription fidèle de ce qui est communiqué.

- Le circuit élémentaire d'une communication exige donc un **sujet parlant** (émetteur), un **interlocuteur** (récepteur), un **code commun** (langue) et un canal physique de transmission (organe vocal, geste de la main ou lecture labiale pour le sourd, etc.).

2. Dialogue et communauté

Nous retrouvons l'idée de passage dans le dialogue (*dia* : à travers ; *logos* : parole). Communiquer, c'est tenter de réduire ou combler la distance nous séparant des autres, parce que nous croyons qu'une communauté est possible avec autrui puisqu'il peut nous comprendre. Le temps de la communication est ainsi une possibilité de communauté.

III Échanger et rencontrer

1. Désir et parole

- Parler, c'est aussi désirer échanger, se situer sur un plan intersubjectif. La possibilité d'une telle mise en partage inscrit l'homme dans la perspective d'une vie sociale. La communication humaine n'est évidemment pas réductible à une simple transmission d'informations. Nous souhaitons exprimer à d'autres le sens de notre regard sur le monde. Nous témoignons de notre conscience de la réalité.

- Ainsi, l'homme ne parle pas seulement pour exprimer, mais pour extérioriser quelque chose de lui-même. Nous confions à autrui le soin de recevoir nos paroles, d'écouter et de comprendre. Nous avons le désir de partager quelque chose avec lui, et sommes donc en attente de ce qu'il va dire.

2. Le dialogue

- C'est par cet échange possible que notre parole prend tout son sens (*signification* et *direction*). La médiation par la parole d'autrui est donc indispensable au sens de notre propre parole ; et elle nous révèle à nous-même (Merleau-Ponty).

- Dans la communication, un rapport aux autres et à nous-même se joue, par lequel nous accédons à un plan d'existence nouveau. Ne pas communiquer constitue, à cet égard, un trouble grave pour la personne humaine (l'autisme par exemple).

- Ce n'est pas seulement l'usage de la parole qui distingue l'homme de l'animal, mais la possibilité du dialogue (Benveniste). Le dialogue est l'*idéal* de la communication (Kant) que la rencontre d'autrui fait entrevoir. Il nous incombe d'être à la hauteur de l'exigence éthique contenue dans le fait de « parler » à d'autres.

Travail et nature

FICHE 21

I Travail : vie et mort

> « À chaque instant de son histoire, l'humanité ne travaille que sous la menace de la mort. »
> **M. Foucault**

1. Nécessité et survie

- Lutter contre la nature est une condition d'existence de l'homme, qui est dépendant et faible, et ne dispose pas de biens naturels infinis. Il doit cultiver une nature « avare » et « hostile » pour lui arracher son « pain quotidien » ; en ce sens, le **travail** est une **nécessité naturelle**.

- Derrière cette nécessité se profile une **relation à la mort** : l'homme travaille pour survivre. Le travail signe une résistance devant le néant qui le menace. Pourtant, cette opposition est vaine puisque la mort survient toujours. On peut ainsi comprendre l'idée d'une **dévalorisation du travail**, nous rappelant notre condition douloureuse, comme le raconte déjà la Genèse.

2. Besoin et technique

- Ce faisant, la nature nourrit aussi l'homme. Elle n'est pas seulement ce qui s'oppose à sa vie, elle en règle et favorise le développement. Il y a donc ambiguïté : elle voue l'homme à la mort tout en rendant possible sa vie. Cela justifie les soins qu'il peut lui porter et explique même la dévotion particulière dont elle est l'objet dans les **mythes** et les **religions**.

- Mais elle reste avare de ses bienfaits et l'homme ne peut se contenter de ce qu'elle lui donne : la médiation d'une **technique** s'avère décisive pour adapter efficacement la nature à ses besoins. Il affirme ainsi, par sa supériorité technique sur la nature, la supériorité de sa propre nature.

- La technique ne s'explique pas seulement par la faiblesse de notre condition : elle manifeste l'**ingéniosité** d'un être pensant, capable de **détourner la nature à son profit**.

II Travail et désir

1. Le manque : désir et besoin

- Les hommes travaillent parce qu'ils doivent **répondre à des besoins**. Le besoin génère un manque perpétuel qui nécessite une organisation rationnelle du travail, dont le **progrès technique** est un signe manifeste.

- La pensée est prévoyance, et l'organisation du travail relève du souci humain de vivre en luttant contre l'angoisse de l'avenir incertain. Mais le besoin est-il la seule origine du travail humain ? Peut-il y avoir un désir de travailler ?

2. Reconnaissance et humanité

- L'homme désire transformer la nature. Il acquiert ainsi une **conscience** de ce qu'il est, faisant de la nature le produit de son activité culturelle. Le travail est ainsi un **savoir pratique** dont la pensée est le ressort. Ainsi est-il le moyen par lequel l'homme peut être, sous certaines conditions, reconnu dans son humanité et **trouver place dans la société**.

- Le **désir de reconnaissance** serait le **moteur** du désir de travailler, conduisant l'homme à se mesurer à d'autres, à les concurrencer. C'est ainsi qu'il devient aussi une lutte entre les hommes. Néanmoins, le travail seul rend-il possible cette reconnaissance de notre valeur personnelle ?

III Travail et amour

1. La paresse

- Toutes les activités humaines peuvent être l'occasion pour l'homme de satisfaire son désir d'être reconnu, même si le travail est un moyen privilégié de prendre place dans la société. Mais ce serait réduire sa valeur que de l'assimiler au travail salarié.

- La moindre activité peut être l'occasion d'une lutte pour la reconnaissance. L'hypothèse d'une paresse naturelle de l'homme est même, en ce sens, inutile : les hommes ne rechignent pas à travailler s'ils aiment ce qu'ils font.

2. Jeu et action

- Dans leurs jeux ou loisirs, ils se dépensent sans compter. Jouer n'est pas travailler : mais n'est-ce pas une manière d'aimer faire et d'être reconnu par d'autres ? De construire sa vie et sa personne ? La notion de travail s'avère peut-être restreinte pour parvenir à penser le rapport de l'homme à l'activité et à l'action.

- Appropriation réelle et symbolique du monde et de soi, l'activité pourrait alors désigner l'ensemble des moyens permettant effectivement à l'homme de **donner un sens à sa vie**.

Technique et civilisation

I Technique animale et technique humaine

1. Les outils

• L'**anthropologie** montre que l'homme se distingue de l'animal par le **langage** et la **technique**. Communication et technique animales sont spécifiques, instinctives et ne peuvent subir de changements que si la constitution biologique est modifiée sous l'effet des mutations génétiques. En revanche, les premiers groupes humains ont une façon d'être radicalement différente par nature : leur technique est consciente et transmissible.

• Elle atteste une capacité d'inventivité et de production. C'est une pratique efficace reposant sur l'usage traditionnel d'outils dont la fabrication et l'utilisation exigent une **activité intellectuelle**. Le lien entre la main et l'esprit est essentiel (Aristote).

• Les **outils** sont des **médiateurs** entre l'homme et son milieu naturel. En premier lieu, des armes (arc, flèche, massue) protégeaient le corps (à distance de la proie, du prédateur) et augmentaient la puissance physique (matériaux utilisés, pierre, métal).

2. La rationalité

La technique montre une rationalisation des procédés d'adaptation au milieu. L'animal est immédiatement adapté, dans les limites de sa constitution biologique. L'homme, plus indéterminé sur ce plan, est capable de s'adapter de lui-même, par sa technique, à une grande diversité de conditions (forêt, désert, banquise, etc.). Il se rend maître de sa « tactique vitale » (Spengler).

« J'appelle *technique* un acte traditionnel efficace. »
M. Mauss

II Civilisation et progrès technique

1. De la forêt à la cité

• Le **progrès** de la technique humaine relève des transformations délibérées apportées aux objets artificiels : conservation, transmission, amélioration, innovations. Conscient de son activité technique, l'*Homo faber*, par son **travail**, se **civilise**.

• Le **sauvage** (*silva* : forêt) est entouré de marques de civilisation naissante, « primitive ». Seuls les **animaux** dits sauvages méritent, au sens strict, ce qualificatif. Se civiliser consiste à sortir de la forêt et vivre en clairière, à cultiver la terre, bâtir un village, organiser la vie en cité (*civitas*).

2. Du savoir-faire à la technoscience

• Le progrès technique est donc un élément essentiel du processus de civilisation. En **transformant la nature à son profit**, l'homme se transforme lui-même, il *se* civilise.

• En retour, la technique, de simple savoir-faire, devient **art** (de l'artisan), puis **science appliquée**. La science moderne, au XVIIe siècle, ouvre une ère technique qui aboutit à la **technoscience** actuelle.

III Civilisation et civilisations

1. Culture et civilisation

• La **civilisation** se marque par des **signes matériels** (artisanat, habillement, huttes, temples, usines, etc.) **et immatériels**, dans la façon d'être des hommes (critères spirituels, religieux, artistiques, politiques, moraux, etc.).

• La **culture**, étymologiquement, est une **mise en valeur**, aussi bien **de la terre** (agriculture) que **de l'esprit** (l'homme cultivé). Une culture est caractéristique d'une civilisation (chinoise, arabe, occidentale, etc.).

• Les différences entre civilisations sont multiples (techniques, spirituelles, artistiques, etc.) et les conséquences du progrès technique se retrouvent dans le mode de vie, la **libération** des hommes moins soumis aux dangers de toutes sortes, ou l'**aliénation** (dangers du progrès, Rousseau).

2. Technique et histoire

• La technique joue un **rôle dans l'évolution de la civilisation** : échanges économiques, relations humaines, sciences, vie de l'esprit. Certaines civilisations se distinguent par le dynamisme de leur progrès technique à certains moments de leur histoire.

• La civilisation chinoise, par exemple, s'est montrée très créative au Moyen Âge et a fait des découvertes considérables. Dans l'histoire, des civilisations plus avancées que d'autres techniquement, ont montré une puissance supérieure, sans pour cela être meilleures.

Technique : puissance et valeurs

FICHE 23

I Progrès technique et pouvoir

1. Mythe et histoire

- La civilisation occidentale encourage et valorise le progrès devant mener à un mieux-être. Les **sociétés « primitives »** n'ont pas cette vision du monde et de l'homme. L'innovation technique peut y être interdite car elle risque de mettre en péril l'équilibre tribal et le progrès signe un irrespect des **traditions** et **coutumes**, de l'ordre immémorial et immuable transmis par les **mythes**, auquel la tribu doit ce qu'elle est.

- Alors que le mythe fige et fixe une civilisation à un stade qu'elle ne doit pas dépasser, le progrès ouvre une civilisation sur une histoire dont le terme est indéfini.

2. Pouvoir et valeurs

- Le pouvoir croissant dû aux découvertes techniques n'est pas neutre, il agit sur la façon d'être de l'homme (pensée, comportement). Celui-ci devient tributaire de la technique, voire **aliéné** : il a en main une puissance qui doit être maîtrisée. La Seconde Guerre mondiale, par sa barbarie (extermination rationnelle et technique de l'homme par l'homme), montre que le progrès véritable d'une civilisation ne tient pas tant à sa puissance technique qu'à des valeurs non techniques.

- Ne pas confondre sauvage et barbare. La **sauvagerie** indique les débuts de la civilisation. La **barbarie**, liée au **mal**, peut surgir au sein d'une civilisation avancée techniquement.

II Technique et valeurs

1. Progrès et décadence

- Y aurait-il une force irrépressible générée par le progrès, qui dénaturerait l'homme (Rousseau) et causerait sa décadence ? Un sens des valeurs, non techniques mais spirituelles, se perdrait. Le terme de **technocratie** indique l'importance du rôle de la technique et de ses conséquences économiques dans l'organisation sociale et politique.

- Dans *Les Temps modernes*, Chaplin met en scène l'**homme robotisé**, pièce d'une machine qui peut le broyer, lui ôter son humanité.

2. La maîtrise des moyens et des fins

« [La technique humaine est] consciente, arbitraire, modifiable, personnelle, imaginative et inventive. »
O. Spengler

• *Valor* veut dire « force, puissance ». Or, si la technique a une valeur réelle, c'est en tant que moyen en vue de fins qui, elles, ne sont pas techniques. Ainsi, le problème de l'usage de la technique est technique, mais aussi et surtout politique et moral.

• L'histoire montre que la technique améliore les conditions de vie mais ne rend les hommes ni meilleurs, ni plus heureux.

III Technique et éthique

1. Progrès et vertu

• Le progrès technique n'autorise pas à hiérarchiser les civilisations : *différence* n'est pas *inégalité*. Progrès ne veut pas nécessairement dire *amélioration*. Il peut y avoir de la prudence, du courage et de la sagesse à décider de ne pas « aller de l'avant ».

• Des civilisations peu avancées techniquement peuvent montrer un attachement à des vertus humaines essentielles et peuvent même être prises pour des modèles symbolisant l'origine, la pureté, le « paradis perdu ».

2. Progrès et responsabilité

• On ne peut nier les apports considérables du progrès technique, en médecine par exemple, une des trois branches de l'arbre de la philosophie pour Descartes. Faudrait-il alors modifier notre vision de la technique et de ses conséquences possibles ?

• Régresser ne résoudrait pas le problème des valeurs. Si la barbarie est l'expression du mal en l'homme, cette question relève de la politique et de la morale, de la raison et de la volonté humaines, non de la technique.

• Les comités d'éthique, par exemple, nous incitent à assumer notre responsabilité (Jonas). Ils ne sont pas sans rappeler les conseils des sages dans les civilisations primitives. Une éthique de la discussion (Habermas) se développe.

• Alors, les conséquences nocives du progrès ne seraient pas l'effet d'une fatalité à laquelle seraient soumis les hommes. Au contraire, la technique occuperait la place qui doit être la sienne, moyen au service des hommes, et non moyen de les exploiter et de les asservir.

Art et nature

FICHE 24

I La nature comme modèle

1. L'idée d'imitation

Léonard de Vinci demandait à ses élèves de « se conformer à l'objet naturel », autrement dit de « se mettre en accord », de « se régler sur » la nature. Penser comme référence, elle invite à une subordination de l'artiste : elle est son **modèle par excellence**. L'imitation atteste ainsi de la valeur supérieure de la nature.

2. Beauté et perfection

« La peinture de paysage doit relever et faire ressortir [...] la vie même de la nature. »
F. Hegel

- **L'artiste aime la nature** et la trouve belle. Aussi cherche-t-il à faire des *miroirs* de cette beauté. La nature étonne par la diversité de ses productions, et la **spontanéité** de ses formes paraît le signe de sa **perfection**. Elle est *la* création par excellence. La conformité est ici un hommage.

- Par son travail, le peintre, par exemple, doit tâcher de donner à son œuvre l'apparence d'une telle spontanéité, et d'atteindre par ce moyen une perfection identique. Cependant, l'**œuvre d'art** ne répond-elle pas surtout à une **nécessité intérieure** qui ne trouve dans la nature que l'occasion de s'exprimer ?

II Nature et style

1. La représentation

Aussi fidèle à la nature que l'artiste veuille être, il introduit dans son œuvre un **style** qui n'appartient qu'à lui. Raphaël peut veiller à être « conforme à l'objet naturel », sa représentation de la nature n'est pas celle de De Vinci. N'est-il pas surprenant que le même modèle donne lieu à des **représentations différentes et également belles** ?

« La peinture est chose mentale. »
L. de Vinci

2. Forme et inspiration

- Le **peintre** ne représente jamais *la* nature mais *une* nature. L'œuvre d'art montre donc un écart d'avec son modèle. L'artiste crée une nature stylisée, reprise par une technique et une forme propres.

Il n'y a pas d'imitation qui ne soit que reproduction ou copie stricte. L'artiste n'est pas entièrement soumis au modèle. Il propose une **vision personnelle** et s'exprime par une **manière propre**.

- La nature n'est pas une source d'imitation mais d'**inspiration**. Elle lui donne l'occasion d'exercer son talent, lui offrant une matière à informer. Représenter la nature à son idée revient à l'**idéaliser**, la soumettre à des critères de la belle représentation.

- Le **style** est la marque de la **liberté** à l'œuvre dans la création artistique. Il manifeste le **génie** créateur. La nature perd-elle alors son rang de modèle ?

III Le ravissement esthétique

1. Art et nature

- La beauté naturelle est liée à la beauté artistique. L'artiste révèle la première par la seconde. Ses représentations sont ainsi des expressions possibles de la nature. Son image fait écho à notre humanité. Kant dit ainsi que la nature est belle « quand elle a l'aspect de l'art ».

- L'artiste peut esthétiser et magnifier toutes les formes naturelles. Même « laide », la nature peut être **transfigurée**. La peinture abstraite rejette le modèle naturel, plaçant le spectateur devant le matériau de l'art pictural : la **couleur**. La représentation de la nature se trouve ainsi occultée, au profit d'une **expérience purifiée** de formes colorées et reconnues.

2. Art et pouvoir

- L'art est donc un **pouvoir de transformation du regard** qui possède une fonction médiatrice. Il interpose entre nous et la nature ses images propres. Ses miroirs agissants modifient notre **perception de la réalité**. La nature offre à l'artiste un vaste champ d'expérimentations qu'il peut modeler et suggérer au gré de son style.

- Ses créations montrent une **subjectivité** originale qui prend forme dans l'œuvre, et un aspect de la nature que nous méconnaissions. L'artiste nous *révèle* une nature cachée, dont la nôtre, enfouie sous nos habitudes.

- Il nous **apprend à voir et aimer** la nature et alimente notre **désir de beauté**. Cela suppose une attitude esthétique qu'il faut **cultiver**. L'artiste nous *ravit*, il nous arrache à nous-même et nous invite à sortir de la banalité de la vie quotidienne.

L'artiste et son œuvre

FICHE 25

I Expérience de l'artiste

1. Art, artisan, artiste

L'art est une pratique, celle de l'artisan et de l'artiste, qui vise la production (*poiesis*) d'un **objet artificiel**. Mais des différences essentielles existent. Un pont, ouvrage d'art, n'est pas une sculpture, œuvre d'art. Il y a un aspect technique dans les beaux-arts, mais la maîtrise technique ne suffit pas à faire un artiste.

2. Le regard

- L'artiste n'a pour objectif ni une connaissance théorique vraie ni un usage utile des choses. Sa **contemplation** (*theoria*) et sa **production** sont **esthétiques**. L'artiste **montre**, il ne démontre pas et, quel que soit son art, il se distingue par son regard. Un coin de campagne sera vu différemment par un agriculteur qui veut planter du blé, un botaniste qui répertorie des plantes, et un artiste pour qui un paysage s'offre à lui. Il goûte le spectacle librement de façon **désintéressée**.

- Plus que cela, il pénètre par le regard ce qui fait que ce paysage est dans son paraître : formes, couleurs, nuages, ombres, etc. Par son regard, son esprit accueille, scrute, saisit ce qui est invisible au regard habituel, socialisé. Cette attention et cette vision guident son acte créateur (Merleau-Ponty).

> « L'art ne reproduit pas le visible, il rend visible. »
> **P. Klee**

3. Le génie créateur

- L'œuvre manifeste le génie artistique, ce don de la nature qui singularise celui qui en est doté. Distinct du talent, qui relève de l'habileté, le génie montre une **puissance originale de création**. Le caractère mystérieux qui entoure la création ne doit cependant pas conduire à une mystification.

- L'artiste ne peut certes pas dire ce qui se passe en lui lors de la genèse de l'œuvre. Sa force créatrice au travail ne peut être conceptualisée, elle est, comme celle des dieux, **intuitive**, fulgurante. Elle paraît aisée, par opposition au travail laborieux de celui qui peine et manque d'imagination.

- Mais les artistes géniaux travaillent beaucoup. Ainsi, le génie renvoie à la nature de l'individu, mais sans travail, il ne saurait se révéler pleinement dans une œuvre.

II L'œuvre d'art : création, expressivité, communication

1. Artiste et artisan

- La fabrication d'une œuvre d'art et d'un objet d'artisanat exige une **technique**. Avec du bois (cause matérielle) on peut produire une chaise ou une statuette (causes formelles). Cependant, causes efficiente (artisan, artiste) et finale (utile, beau) diffèrent (Aristote).
- L'ébéniste est avant tout artisan. Il invente et produit matériellement l'objet suivant l'idée (forme et fin) qu'il en a et les règles de son art. Il peut le fabriquer en série.
- Le sculpteur crée l'œuvre en même temps qu'il l'accomplit. Elle est **originale**, **unique**. Pour une grande part, il la découvre en la faisant. Et la règle qui préside à la puissance esthétique est interne à l'œuvre, elle lui est propre.

2. Anthropologie

- Les objets d'art préhistoriques (peintures, statuettes, etc.) montrent un intérêt qui rompt avec le souci matériel et l'amélioration du confort. **Inutile** en cela, l'objet d'art a une **fonction essentielle, symbolique, spirituelle**. Une figurine rituelle, une déesse ou un animal sacré ont un pouvoir magique.
- Autour de l'icône, les **esprits** communient. L'œuvre d'art contient et exprime le **souci métaphysique de l'homme face au monde**. Musique, peinture, danse, poésie, architecture, sculpture manifestent l'esprit dans des objets créés.

3. Expressivité et beauté

- L'œuvre objective le rapport entre l'artiste et le monde. Par sa beauté, elle dévoile le monde en une vision originale. Van Gogh donne à voir un olivier peint qui révèle l'essence de cet olivier, l'universel dans l'apparence d'un être singulier.
- L'expressivité du tableau tient à ce qu'il donne à voir l'originalité du regard et l'intimité de ce qui est saisi par et dans ce regard. Et la **beauté** provoque un **plaisir esthétique** chez celui qui la contemple.

Art et beauté

FICHE 26

I La genèse du goût

1. Qualité de l'objet et sentiment du sujet

• La contemplation esthétique exige un rôle actif de celui qui goûte une œuvre d'art, éprouve du plaisir. Il qualifie une œuvre de *belle* en exprimant un sentiment personnel. La beauté serait-elle une qualité de l'objet seul ?

• Nous pouvons être frappés par la beauté d'un chef-d'œuvre, comme si elle s'imposait, telle une évidence à laquelle chacun devrait se rendre. Mais nous sommes étonnés de constater que d'autres sujets n'y sont pas sensibles.

2. Subjectivité et objectivité du goût

« Est beau ce qui plaît universellement sans concept. »
Kant

L'œuvre est-elle belle parce que nous la jugeons telle ? On comprendrait que goûts et couleurs ne se discutent pas, mais c'est insatisfaisant : ce relativisme du goût est superficiel. Il isole chacun ; or, par l'art, les hommes peuvent partager et communier. Le rapport entre les aspects objectif et subjectif du jugement de goût est complexe et riche (Kant).

3. Puissance culturelle de l'œuvre

Un chef-d'œuvre provoque un sentiment esthétique. La palette des sentiments exprimés et éprouvés tient à la puissance évocatrice de l'œuvre et à la sensibilité du sujet. En ce sens, la culture est essentielle. La « spontanéité » du jugement face à une œuvre d'art est en réalité le fruit d'une éducation de l'esprit : si l'on ne sait rien de la civilisation japonaise, peut-on être sensible à ce qu'il y a d'essentiel dans son art ? Il peut plus ou moins nous attirer, mais l'ouverture de l'esprit sur la culture japonaise enrichit le sentiment esthétique, nous rend plus réceptifs à son sens et à sa valeur symboliques.

4. Éducation des sens

• La sensibilité s'éduque : audition, vision, etc., se forment et évoluent au cours de l'existence. De plus, le goût a une histoire : il varie selon les époques, les classes sociales, etc.

• L'histoire de l'art nous en montre l'évolution, les mouvements. Pourtant, nous sommes sensibles à des œuvres du passé. Cela indique bien que la relativité, ici encore, est plus complexe qu'il n'y paraît.

II Goût et sens commun

1. Universel esthétique

• La faculté d'éprouver un sentiment esthétique est en tout homme. Une peinture préhistorique offre à voir ce que les premiers artistes ont exprimé. L'**écho émotionnel** de son sens montre la **puissance communicative** de l'œuvre et la capacité du spectateur à lui être sensible. Cela ne veut pas dire que nous devrions tous apprécier les mêmes œuvres.

• Mais cela donne à penser un universel esthétique différent de l'universel rationnel. L'art provoque une satisfaction de l'esprit dans un sentiment, sans recourir au concept. Mais plus notre émotion est forte, plus nous nous attendons à voir les autres l'éprouver et prétendons à leur adhésion, bien qu'ils soient libres de leur jugement. Cet universel n'est, de fait, jamais atteint et n'est qu'une Idée (Kant).

2. L'abstraction

• L'**art contemporain** revendique souvent autre chose que la **beauté**. Outre l'existence d'un **art dit conceptuel**, la peinture abstraite ne vise plus une belle représentation des choses, mais s'attache à la puissance des couleurs et des formes, à un **symbolisme esthétique non figuratif**, sans référence à une réalité concrète reconnaissable.

• Mais l'abstraction est présente dans toute œuvre. La statuaire grecque répond à une vision idéale du corps. Une fresque égyptienne obéit à des critères irrespectueux de l'anatomie. Une peinture du Moyen Âge traite la grandeur des personnages selon leur importance symbolique.

3. Création du monde

• Beauté et puissance esthétique d'une œuvre relèvent de l'esprit qui « n'imite » pas la réalité, mais la **crée librement** en fonction des éléments **culturels** fondamentaux auxquels les hommes sont sensibles.

• Par cette sensibilité, les hommes communiquent à un niveau essentiel ; à travers l'art, tout individu peut s'ouvrir sur la façon dont les autres voient et créent le monde et l'homme.

Religion et raison

FICHE 27

I Foi et raison

1. Naturel et surnaturel

• La foi est la compréhension d'un ordre surnaturel, divin, qui se distingue de la raison, forme naturelle de la connaissance. Foi et raison sont des modes théoriques du savoir qui peuvent revendiquer le monopole de la vérité.

« Le cœur a ses raisons que la raison ne connaît point. »
B. Pascal

• La science recherche les normes de la vérité par le pouvoir de la raison : principes logiques démontrables et méthode rationnelle. La religion demande l'obéissance à une vérité que l'homme reçoit sans la produire, par le biais d'une parole prophétique par exemple.

2. Vérité démontrée et vérité révélée

L'autorité est extérieure au croyant. Des règles sont produites à partir d'une vérité révélée par Dieu à l'homme qui n'en est que le dépositaire. Le secours que le fidèle attend dépend de la grâce d'un Dieu à qui il appartient seul d'entrer en relation avec lui. Le croyant fait l'expérience d'une communication dont il n'a pas l'initiative. Alors que la raison pose un objet qui lui est extérieur, la foi pose comme possible une union (*unio mystica*) avec le divin.

II Salut religieux et devoir moral

1. Salut et volonté

• Sur le plan pratique, le conflit n'est pas moins vif. La morale met en jeu l'homme dans ses rapports avec ses semblables, fondés sur une volonté libre ou sa nature propre, dirigées par la raison. La religion, si elle peut lier les hommes, est d'abord un rapport de l'homme à son dieu. Ce dieu, moral parfois (monothéismes), est avant tout divin, essence surnaturelle.

• Ce n'est ni le respect de la loi morale ou de la personne, ni le bonheur qui sont la fin de la relation au dieu, mais le salut, visée d'une vie éternelle. Une attitude morale peut être un moyen de parvenir au salut, mais ne peut constituer à elle seule la fin d'une pratique religieuse. Il y faut aussi la grâce.

2. Le sens de la prière

- Le fidèle prie son dieu, qu'il aime et qui peut le sauver. Prier, quelle que soit la religion, c'est accomplir un **acte spirituel inscrit dans des rites**, s'adresser à son dieu ou intercéder auprès de lui. Cela suppose qu'il nous écoute et puisse nous répondre.

- La religion n'est donc pas seulement un moyen de penser le réel ou de garantir l'ordre du monde, elle est ce qui permet à l'homme de **supporter sa condition** et de préparer sa vie éternelle (visée eschatologique). Si la morale est une discipline terrestre, la religion est la discipline du ciel. Faut-il en conclure qu'elles s'opposent ?

III Limites de la religion et de la raison

1. Expliquer et croire

- La raison tente d'expliquer la religion. Elle peut montrer que l'acte de croire pose l'existence d'une **cause agissante**, que le croyant essaye d'infléchir en sa faveur. Il est possible, par conséquent, de concevoir la **croyance** comme un effort rationnel pour **donner à l'univers un sens absolu**.

- En instaurant ce sens, la religion témoigne d'un effort de **dépassement de la nature** et se comprend comme l'entreprise de compléter l'existence humaine. Il y a bien une **rationalité** immanente à la religion, sans qu'elle soit pure raison.

2. L'attitude religieuse et le sacré

- Ce qui oppose religion et raison, c'est donc moins la religion « en général », car son effort n'est pas étranger à la raison, que ses formes dégradées, telles que la superstition ou le fanatisme. Et c'est moins à la raison en général que la religion s'oppose, qu'à une raison n'ayant qu'une vocation terrestre.

- Le rapport religion-raison conduit à **séparer la religion de l'attitude religieuse**, que l'homme de raison peut d'ailleurs manifester au travers de sa confiance, et même de sa foi dans la raison.

- Le problème est alors moins de s'attacher à une religion en particulier que de comprendre le **désir de croire**, commun aux hommes. De plus, le **sacré** peut se retrouver dans des contextes autres que religieux : selon Kant, par exemple, les « droits de l'homme » sont sacrés.

La culture

TEST-BILAN

→ *Réponses au verso.*

1. À quoi tient l'ambiguïté de la mémoire ?

2. Pourquoi les deux sens du mot « histoire » sont-ils indissociables ?

3. Quel rôle joue le langage dans la culture ?

4. L'expression objective est-elle l'horizon de l'expression subjective ?

5. Qu'est-ce qu'un dialogue ?

6. Sur quoi se fonde la nécessité de travailler pour l'homme ?

7. Le progrès technique est-il bénéfique ?

8. Comment distinguer l'invention de l'artisan et la création de l'artiste ?

9. À quoi la beauté d'une œuvre d'art est-elle relative ?

SCHÉMA-BILAN

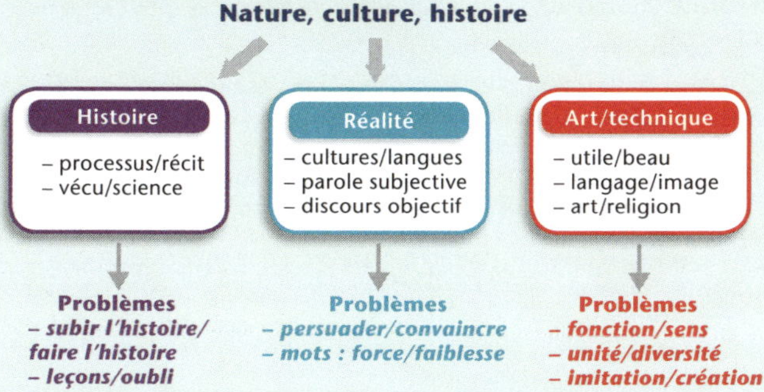

Réponses :

1 Seule la mémoire nous met en rapport avec notre passé, et spontanément nous pourrions adhérer à ses témoignages ; mais l'expérience montre qu'ils sont fragiles, voire trompeurs, exigeant un travail critique d'interprétation, une objectivation.

2 Le mot « histoire » signifie *devenir* (processus vécu, « Histoire ») et *récit de ce devenir* (science, « histoire »). Nous n'avons d'Histoire que dans la mesure où nous en constituons une « histoire », et réciproquement, celle-ci se nourrit du devenir dont elle interprète les traces.

3 Il fait partie de la culture *et* il la véhicule ; il est à la fois un élément et celui qui transmet tous les autres (Lévi-Strauss). Le langage se constitue comme *langue* qui symbolise une culture ; il rend possible l'expérience primordiale de la parole dans le dialogue, en tant qu'objet culturel qui joue « un rôle essentiel dans la perception d'autrui » (Merleau-Ponty).

4 L'horizon est une limite idéale visée et inaccessible, repoussée à l'infini. L'expression objective du vécu subjectif n'est jamais atteinte, car toujours incomplète, parcellaire, du fait de la *singularité* du vécu et de la *généralité* des mots. Le mot commun « joie » ne dira jamais le tout de « ma joie ».

5 Dans le dialogue (*dia* = ce qui passe dans le *logos*), « se constitue entre autrui et moi un terrain commun, ma pensée et la sienne ne font qu'un seul tissu » : c'est un « être à deux » (Merleau-Ponty).

6 La nécessité de travailler pour l'homme se fonde sur l'assouvissement des besoins, dont sa survie dépend, et un désir de reconnaissance ; de plus, la réalisation de son humanité par des œuvres est importante : le travail est un élément essentiel de son « devenir homme ».

7 Le progrès technique est bénéfique si l'usage qui est fait du pouvoir qu'il donne est mis au service de l'homme. Le risque est de voir l'homme aliéné par ce pouvoir qui peut l'asservir. Le progrès peut « dénaturer » l'homme (Rousseau). D'où la nécessité de le penser, pour le maîtriser et le relativiser.

8 *Produire* un objet, c'est matérialiser une forme (idée). Pour l'artisan « l'idée précède et règle l'exécution », alors que pour l'artiste « l'idée lui vient ensuite, comme au spectateur », et il « est spectateur aussi de son œuvre en train de naître » (Alain). Mais l'artisan peut aussi être créatif en cours d'élaboration, et il y a chez l'artiste une maîtrise inventive de la technique.

9 La beauté d'une œuvre d'art est relative à une culture et une histoire ; à l'artiste ; au spectateur. La profondeur du « sentiment esthétique » tient à « l'émotion fondamentale » face au monde que l'artiste a mise dans son œuvre ; son *intensité* correspond aux « changements d'état survenus en nous », spectateurs (Bergson).

Expérience et connaissance

FICHE 29

I L'expérience, source de connaissances

1. Le savoir empirique

- Au cours de son existence, chacun vit sa propre **expérience** (du latin *experiencia* = « épreuve ») et peut en tirer des leçons. Elle est source de connaissances grâce au **progrès empirique** impliquant **perception**, **imagination**, **mémoire et habitude**. Les situations sont mises en rapport, par **comparaison**, **association**, **distinction**.

- L'esprit passe par induction de la multiplicité des faits à l'unité d'une règle générale. Savoir et pratique empiriques sont ainsi constitués et transmis, concernant l'individu (ontogenèse) et l'espèce (phylogenèse).

2. L'homme de l'art

> « Rien ne va de soi. Rien n'est donné. Tout est construit. »
> **G. Bachelard**

- La technique humaine relève de ces « essais et tâtonnements » de la pensée appliquée à l'action (Alain). Ainsi, l'expérience mène aux **vérités générales** d'un savoir empirique et à l'**art** (*technè*, « savoir-faire ») de l'artisan, mais aussi art médical ou politique.

- « L'homme de l'art » sait *quoi* faire, *comment* (moyens), *pourquoi* (fins). Sa pratique, réglée et adaptée à la situation, est efficace.

3. Les limites de l'empirique

Si l'expérience est individuelle et subjective, comment en faire une source objective de connaissance vraie universellement ? Si chacun doit faire son expérience, cela veut-il dire que l'expérience vécue est intransmissible ? Et un savoir empirique est-il une véritable connaissance ?

II Expérience et raison

1. Du fait à la raison du fait

- Un phénomène est singulier et contingent. La répétition des coïncidences, des similitudes, peut nourrir une observation utile, entraîne des habitudes, mais ne suffit pas à donner une connaissance certaine : l'épreuve des faits n'a pas la force d'une démonstration et d'une preuve par la raison. Il faut passer du contingent au nécessaire, de la généralité des règles à l'**universalité des lois**.

• Pour connaître la vérité d'un objet, il faut faire abstraction de ce qui est subjectif. L'expérience scientifique, construction rationnelle, n'est pas de même nature que celle que chacun fait par son vécu.

• Sensation et opinion sont des « obstacles épistémologiques » (Bachelard). Il y a, dans la science, un désir de vérité, et la raison se libère de la résonance affective ou du souci d'utilité pratique.

2. Sciences expérimentales

• La science moderne est mesure de l'expérience. La science physique (*phusis*, nature) est une mathématisation de la nature (ex. : loi de l'attraction universelle par Newton). Les sciences expérimentales, par leur méthode, apportent une **objectivité**, une **rigueur** logique et une **vérité théorique** irremplaçables.

• Dans ce cadre conceptuel, l'expérience (observation et expérimentation) est fondée sur un langage théorique, notamment mathématique.

III La connaissance humaine en devenir

1. Histoire et progrès

• Toutefois, l'histoire des sciences nous offre un aspect ultime du rapport entre expérience et connaissance : les moments du devenir de la science (et les grandes figures comme Aristote, Descartes, Newton, Einstein, etc.) sont liés entre eux.

• Ce **processus dialectique** exprime le progrès de l'esprit dans sa quête de science. Il est la vie même de l'entreprise scientifique, **connaissance par l'expérience et expérience de la connaissance**.

2. L'idéal de vérité

• La vérité scientifique est **relative**, tel un polygone inscrit dans un cercle, auquel l'homme ajoute des côtés sans jamais pouvoir atteindre le cercle parfait, symbole de la vérité absolue détenue par Dieu (N. de Cues).

« [La science] est hypothèse à l'infini et vérification à l'infini. »
E. Husserl

• La **connaissance** n'est jamais qu'une **hypothèse** toujours plus précise, une **représentation** toujours plus proche de ce qui est appelé la **« vraie » nature**. L'homme doit faire l'expérience de ce devenir dans « une infinité de **théories** ». La connaissance résulte de cette expérience enrichie au fur et à mesure que la connaissance progresse historiquement.

Mathématiques : théorie et pratique

FICHE 30

I Idéalité des objets mathématiques

1. Nombres et figures purs

Les objets mathématiques sont idéaux, purs. L'esprit s'extrait de l'application du calcul et de la mesure aux exigences pratiques (comptabilité, commerce, etc.). Il explore un **ordre abstrait** : nombres (arithmétique) et figures (géométrie), qui n'ont aucun équivalent strict dans la réalité matérielle. Deux bouts de bois ne sont jamais parfaitement égaux.

2. Lois, démonstration et preuve

Le triangle est une idée dont l'image n'est qu'un reflet. Le concept du triangle dit son essence : ce sans quoi il ne serait pas ce qu'il est. Les **propriétés** d'un objet mathématique **obéissent à des lois** qui déterminent l'ordre démonstratif du raisonnement mathématique. La preuve logico-mathématique tire sa vérité de cet **enchaînement rationnel nécessaire**.

II Mathématiques et méthode

1. Point de vue théorique

Les mathématiques exigent une **attitude théorique pure : savoir en vue de savoir**, et non d'agir. Cela tient aux objets étudiés et au sujet qui les étudie. L'esprit explorant l'intelligible pur doit se plier à des **règles méthodiques** sans lesquelles sa démonstration n'aurait pas la solidité nécessaire à l'**établissement d'une vérité**.

2. La méthode cartésienne

- Elle tient en quatre préceptes portant sur **l'erreur, l'analyse, la synthèse et l'oubli**. L'**évidence rationnelle** y est essentielle : est évident ce qui est clairement visible, **manifeste** (*evidens*). La proposition « deux et deux font quatre » est évidente : nous sommes certains qu'elle est vraie. Nous rendant « à l'évidence » indubitable, nous donnons notre assentiment. L'évidence cartésienne contient deux éléments : **vérité de l'objet et certitude du sujet**.

- L'esprit attentif « voit » clairement et distinctement l'objet qu'il « regarde » : il a une **intuition** rationnelle. Et partant de propositions vraies, il peut en déduire d'autres. La **déduction** est donc le passage d'une intuition à une autre, passage lui-même évident. Ainsi peut se dérouler la « chaîne » démonstrative qui lie les étapes de la recherche d'une vérité.

• Ainsi, les mathématiques (du grec *mathéma* : connaissance) obligent l'esprit à se détacher des exigences utilitaires. Tant par la forme de leurs raisonnements, que par la formation de l'esprit à laquelle elles contribuent, elles montrent à la fois comment l'homme, dans la théorie pure, peut se libérer absolument de toute contrainte pratique et, cependant, se plier absolument à des lois, qu'il est seul à pouvoir penser. Les mathématiques sont un jeu noble de l'esprit libéré.

« On ne peut se passer d'une méthode pour se mettre en quête de la vérité des choses. »
R. Descartes

III Utilité des mathématiques

Le langage mathématique, par sa forme abstraite, peut toutefois être appliqué à toute matière, à deux niveaux : le théorique et le pratique.

1. Théorique

Les sciences tirent le bénéfice du langage mathématique. La « mathématisation de la nature » (Galilée) est la traduction, en termes de mesures, de l'enchaînement déterminé des phénomènes (déterminisme naturel). Il y a là un paradoxe : un langage abstrait exprime l'enchaînement des phénomènes concrets : l'ordre des choses (naturel) s'exprime dans un ordre des raisons (mathématiques). La science moderne est mesure exacte. Elle cesse d'être seulement empirique et d'observation, elle devient rationnelle et expérimentale.

2. Technique

La technique moderne, comme science appliquée, a un fondement rationnel mathématique. En cela, elle se distingue de l'art (*technè*) antique.

IV Mathématique et mesure des actions

Dans le domaine de l'action humaine (*praxis*), dans le rapport entre la pensée et les actes, la formation de l'esprit par les mathématiques permet d'affermir la pensée : juste mesure et rigoureuse pesée des choses et des actes. Platon avait inscrit au frontispice de l'Académie : « Nul n'entre ici s'il n'est géomètre. » Le sage a un esprit mesuré, ordonné et harmonieux (juste).

Logique : rationnel et raisonnable

FICHE 31

I L'argumentation

1. Pensée logique

Une pensée logique exige trois opérations : **concevoir**, **juger**, **raisonner**. Les **concepts**, idées abstraites et générales, sont mis en lien dans des **jugements vrais ou faux**. L'enchaînement des jugements est un **raisonnement**. Son **sens** et sa **valeur** tiennent à trois facteurs : sa **matière** (objet ou contenu), sa **forme** (règles logiques) et le **sujet** qui raisonne.

2. Valeur d'un argument

Un argument est un **raisonnement** visant à **prouver ou réfuter** une proposition. Dans les situations courantes, la pensée doit obéir à un **ordre logique**. Exemple : *si* Paul aime le blanc, *alors* on peut *raisonnablement* penser qu'il aimera la neige, *parce qu*'elle est blanche. C'est plausible, mais s'il n'aime pas le froid, il n'aimera peut-être pas la neige. L'argument sera d'autant plus vraisemblable que celui qui raisonne connaît Paul. **Expérience et compétence** conditionnent la **crédibilité** et la confiance accordée. Un argument sera plus ou moins cohérent, pertinent, sensé, valable, selon qui raisonne (enfant, ignorant, savant). Mais la plus ou moins bonne connaissance de la matière du raisonnement ne suffit pas à rendre compte de sa valeur de vérité.

II La forme logique du raisonnement

1. Induction et déduction

- **Raisonner, c'est enchaîner des jugements dans une inférence**, opération qui consiste à admettre pour vraie une proposition en vertu de sa liaison avec d'autres propositions reconnues comme vraies. On conclut d'une idée à une autre.

- Une **inférence déductive** et démonstrative doit produire le **lien nécessaire** entre les idées. Dans une **inférence inductive non démonstrative**, on s'en tient à de l'**hypothétique** (probable, vraisemblable). Dans les sciences de la nature, il y a induction et déduction : l'observation conduit à induire une hypothèse que l'on tente ensuite de démontrer déductivement comme vraie.

• Dans l'inférence sur Paul et dans celles du scientifique, il y a une **forme exprimant la rationalité**, qui doit être valide en soi, quel que soit l'objet.

• La **vérité matérielle** (objective) concerne la **vérité de l'objet**, et la **vérité formelle** (logique) désigne la **validité** de la forme du raisonnement. On peut enchaîner logiquement des jugements matériellement faux et, de façon illogique, des jugements matériellement vrais.

2. La logique

La logique formelle est la science des **opérations réglant la forme de la pensée**, sans référence au sujet et à l'objet. Il faut respecter trois principes : principe de **non-contradiction**, principe d'**identité** et principe du **tiers exclu**. De la syllogistique d'Aristote à la logistique proche des mathématiques, la logique a progressé dans la formalisation de la pensée, jusqu'à un calcul complexe des propositions.

III Logique et raison

1. Raison et délire

La raison intervient, dans la forme et dans la matière, au niveau du rationnel et du raisonnable. Une pensée peut être logiquement vraie et déraisonnable. Par exemple, un délire psychotique d'une cohérence logique impeccable est pourtant insensé, d'une logique folle.

2. Logique et sagesse

• Si la logique à l'œuvre dans les sciences est nécessaire à la description vraie des phénomènes naturels, elle ne permet pas de dire quelles fins assigner aux sciences. Il faut en appeler au **sujet** qui raisonne, responsable de sa pensée. Une découverte scientifique aux mains d'un tyran ou d'un sage n'aura pas les mêmes conséquences. Le sage en fera un usage raisonnable en suivant son **devoir**.

• Une expression comme « la logique de guerre » montre un enchaînement d'événements que l'on rapporte à la « force des choses ». À cette escalade, il est nécessaire d'opposer la **force de la raison morale** fondée sur un « principe pratique suprême » (Kant), guide de la **volonté**. Alors une **logique de l'action humaine libre** est pensable. En effet, pour bien agir, il faut bien juger.

Le vivant : déterminisme et finalité

FICHE 32

I La vie, principe d'animation du corps

1. Le vivant et l'inerte

Le vivant est un objet naturel distinct de la matière inerte. Un caillou ne change de lieu, de forme, d'état que si des causes extérieures l'y contraignent, selon les lois du **déterminisme naturel**, enchaînement nécessaire des causes et des effets. En revanche, une fourmi peut remonter une pente et, si la plante a besoin du soleil pour pousser, cela ne suffit pas à expliquer sa croissance. En effet, le vivant a en lui-même son **principe de changement**.

2. Le principe de vie

La vie est un « souffle » qui anime le corps : « l'âme » lui insuffle son énergie vitale selon **Aristote** qui crée une science d'observation des êtres vivants. Il distingue végétaux, animaux et hommes selon une **hiérarchie des âmes** : âme **végétative** (nutritive, des végétaux), **sensitive** (sensibilité et motricité s'ajoutent à la nutrition, chez les animaux) et, d'un autre genre, **intellective** (pensée, chez l'homme). Toutefois, si la question du principe de mouvement demeure, l'idée d'âme n'est pas conservée par la biologie moderne.

II Mécanisme et organisme

1. Le modèle mécaniste et ses limites

- Selon l'analogie entre vivant et machine, l'appareil locomoteur peut être décrit en termes de mécanique. Muscles, ligaments, tendons, os font que le corps se meut. On mesure longueurs, forces, angles. Comme une machine, le vivant est un tout composé de parties en mouvement : automate naturel analysé par l'anatomie, la physiologie, la biologie. La mécanique rend compte de phénomènes communs à l'inerte, au vivant et au technique. En biologie ce modèle explicatif s'étend aux niveaux cellulaires et moléculaires.

- Mais la construction et l'entretien d'une machine tiennent à l'homme (cause efficiente), et sa fonction à la fin qu'il vise (cause finale) ; alors que l'organisme vivant est capable d'autoconstruction, autoconservation, autorégulation, autoréparation, autoreproduction.

2. Organisation et finalité

• La finalité de l'organisme est naturelle : adaptation des organes (moyens) aux besoins (fins) dans la constitution du vivant. L'organisme est un tout dont les parties existent pour les autres, comme dans une machine, mais aussi par les autres (Kant) : les organes (du grec *organon*, « instrument ») sont nécessaires au fonctionnement des autres et interviennent dans la fabrication et la réparation de l'organisme.

• De plus, l'organisme se nourrit, prélevant dans le milieu extérieur la matière qu'il transforme en sa propre substance (digestion). Le vivant a une « force formatrice » (Kant). Malnutri, l'organisme souffre, prélève de sa propre substance, graisses et muscles, pour nourrir ses organes vitaux, il maigrit. Puis, ses capacités d'adaptation et de compensation étant dépassées, il tombe malade et finit par mourir : sa **mort** est le signe de sa **finitude**. Tout vivant naît, vit et meurt. Mais il a en lui de quoi se reproduire et perpétuer son espèce.

« Le vivant n'est pas une "machine", c'est un "machiniste". »
G. Canguilhem

III Le vivant : sélection et programme

1. L'évolution

• L'individu, plante ou animal, inscrit sa vie dans celle de son espèce. Celle-ci subit une évolution. Or, cette **finalité** semble montrer un progrès en vue d'une meilleure adaptation au milieu.

• La **sélection naturelle**, la **lutte pour la vie** (Darwin) et la **génétique** (Mendel) permettent de concevoir la transformation et l'évolution des espèces.

2. Le code génétique

Tout organisme est porteur d'un **programme**, potentiel génétique **transmis**, information moléculaire qui peut subir des mutations aléatoires. Il a en lui le projet (génotype) dont sa vie est la réalisation (phénotype). Cette finalité n'est donc pas une force irrationnelle qui tracerait le destin des êtres, mais l'effet de mécanismes à l'échelle moléculaire. Le vivant permet donc de penser sans contradiction un **déterminisme mécanique** et une **finalité spécifique**.

Vérité et humanité

FICHE 33

I Vérité et expérience

1. Besoin et connaissance

- La capacité d'un être vivant à reconnaître et éviter les dangers, à trouver ses aliments, indique une **connaissance vitale instinctive de l'avantageux et du nuisible**. Le besoin montre que tout vivant sait prélever ce qui lui convient dans son milieu.

- Mais savoir qu'une plante peut nous aider à guérir est d'un autre ordre : c'est posséder une **connaissance empirique** de ses effets possibles sur notre corps.

2. Contingence et opinion

- La vérité exprime la conformité de notre jugement à la réalité d'un fait. Une **vérité sensible** tient au fait de reconnaître, dans la réalité, des rapports entre des phénomènes, grâce à l'**expérience** (ressemblance, répétition, habitude). Cette connaissance qui ne préserve pas de l'erreur n'est pas inutile. Mais est-elle solide ?

> « L'essence de la "vérité", c'est cette appréciation : "Je crois que ceci ou cela est ainsi." »
>
> **F. Nietzsche**

- La connaissance pratique de la plante se limite à saisir certains effets sans remonter jusqu'à leurs causes et propriétés. De telles vérités, utiles à la conduite de la vie, restent contingentes et ne peuvent conduire qu'à des **opinions vraisemblables** sur les choses et les êtres, sans constituer un savoir indubitable.

II Vérité et spéculation

1. Pensée et totalité

- La vérité n'intéresse pas seulement l'homme en tant qu'être vivant, mais en tant qu'être pensant. Cet intérêt spéculatif ou théorique (du grec *theôrein* : « contemplation de l'esprit ») est humain et correspond à ce que nous appelons proprement la vérité. L'homme se soucie de la valeur en soi de celle-ci.

- Science et philosophie ne veulent pas une connaissance seulement partielle : **rechercher la vérité** revient à **viser une connaissance totale de ce qui est**.

2. L'universalité

• La recherche du vrai pour lui-même présuppose un intérêt pur pour le connaître. Gratuité, désintéressement, la **vérité** vaut par elle seule, comme **valeur idéale** visée par les hommes. L'ordre de l'action n'y échappe pas : voulant accorder nos actions à des principes, ne souhaitons-nous pas ainsi en faire reconnaître la vérité, c'est-à-dire la valeur essentielle ?

• Notre action ne vaut que dans la mesure où elle est susceptible de recevoir une telle valeur. La vérité a un **sens universel** : en cela, elle ne peut appartenir à quelqu'un en particulier. L'expression « ma vérité » est l'indice d'une confusion entre vérité et opinion. Pensée comme **valeur absolue**, elle ne peut qu'être partagée par tous et universellement communicable.

III Vérité et recherche de la vérité

1. L'exigence d'absolu

• Une aspiration à la vérité absolue, exigence métaphysique, est ainsi au cœur de l'expérience humaine. Elle ne concerne pas seulement notre raison, mais tout notre être. Philosophie et religion prétendent ainsi parfois qu'il est possible de viser, voire de saisir, **l'absolu** (du latin *absolvere* : « achever, détacher »), de parvenir à une **forme totale de la connaissance**.

• Ce **désir** d'absolu peut se manifester sur les plans théorique et pratique. Mais il y a là un risque, un danger : le **fanatisme** (du latin *fanum* : « temple ») terroriste relève d'un amour totalitaire de la vérité, une méprise sur sa nature, et un aveuglement.

2. Croyance et devoir

• Cette exigence de vérité absolue demeure ambiguë, légitime et dangereuse à la fois. La vérité demande patience et vertu. Elle a une histoire, parsemée d'erreurs pourtant tenues pour vraies pendant un temps. Il est souvent stérile de se croire en sa possession définitive : le sage accorde autant d'importance au **cheminement** vers la vérité qu'à sa découverte.

• Il s'agit de ne pas *croire* en une vérité immédiate, que l'on posséderait sans efforts. L'**immédiat** est le règne de l'**opinion**. Or, l'opinion, même vraie (ou droite), ne produit qu'une **vérité *de fait***, non *de droit*. L'**exigence de vérité** est constitutive de la pensée. Elle assigne aux hommes un **devoir** et une conduite.

Sens et compréhension

FICHE 34

I Sens et fait

1. L'évidence du sens

- Dire que « les faits parlent d'eux-mêmes » voudrait dire qu'il n'y pas à chercher un autre sens que celui qu'ils présentent. Le **sens** comme signification **réside alors dans le fait** qui le livre à une conscience attentive. Le « flagrant délit », par exemple, est un fait parlant indéniable. Le sens s'y manifeste comme une évidence.

- Mais peut-on se contenter d'un tel constat ? La **justice** ne doit-elle pas chercher également la **raison** du sens ? Le fait suffit-il à expliquer le sens total et vrai de la situation ?

2. Interpréter et signifier

- Le fait ne « dit » pas tout et ne parle que si nous l'interrogeons. Le sens « immédiat » de l'événement est toujours insuffisant, bien souvent trompeur. Avoir le « sens des réalités » n'est pas seulement recueillir passivement un sens : c'est ajuster notre action à cette réalité.

- Donner une **signification** suppose que la réalité est obscure et/ou confuse. Le fait est relatif à une **conscience** qui le questionne et cherche à l'interpréter, car il n'est pas clair et distinct. La conscience **vise le réel pour lui donner forme** (en latin *idea* : « forme »).

II Sens et conscience

1. Signe et langage

- Productrice de sens, la conscience est une intention de signifier. Et le **langage** permet une appropriation symbolique du monde, qui est alors signe. La conscience fait exister le sens, lié à un signe médiateur entre l'homme et le monde.

- Mais si nous devons déchiffrer le réel, c'est qu'il n'est pas univoque. La **conscience** vient donc compléter l'inachèvement de la réalité, en la jugeant, en lui donnant une **orientation**. Le réel n'est donc pas seulement un ensemble de signes à déchiffrer : il est en attente du sens que lui donne une conscience.

- Le sens est ainsi le rapport entre notre manière de saisir le réel et ce réel lui-même.

2. Intuition et savoir

• Le « sens des réalités », c'est l'**intuition** juste du cours de la réalité, la capacité d'une décision et d'une action ferme et cohérente face aux exigences du réel. Le « sens des affaires », c'est la saisie du cours des affaires, la capacité d'en maîtriser le mouvement possible.

• Dans les deux cas, c'est un **pouvoir** supérieur **d'anticipation et de prévoyance**, lié à l'avantage que l'on peut en tirer : celui qui a le « sens des affaires » dispose d'un temps d'avance sur les autres et peut tourner une situation en sa faveur. Une telle capacité semble donc se présenter comme une forme intuitive de connaissance des événements.

III Signe et interprétation

1. Le problème de la vérité

• Cependant, le signe d'une chose n'est pas cette chose. Il y a entre eux une distance et donc une incertitude qui autorisent une **interprétation**. Le signe prête un sens au réel. L'**historien** qui interprète des événements du passé produit leur sens possible. L'interprétation témoigne de l'**ambiguïté de la réalité**.

• Si nous n'avions aucun doute sur le **sens** d'un événement, il n'y aurait nul besoin de l'interpréter. La vérité doit être univoque. Mais la réalité ne l'est jamais : elle se prête à notre manière de lui donner *un*, *des* ou *du* sens.

2. Vie et sens

• Nous pouvons même donner du sens à ce qui n'est pas encore connu : c'est le cas du **sens caché**. Il ne l'est jamais vraiment puisque nous devinons son existence. Il nous revient de le démasquer ou de le révéler. Dire qu'une chose « n'a pas de sens », c'est moins affirmer l'absence d'un sens que refuser d'en produire un, ou, à l'inverse, se donner pour tâche de le chercher.

• La **psychanalyse** nous en offre un bon exemple : le névrosé est victime d'un sens qui lui échappe encore. La cure prend la forme d'une **quête de sens**, là où il pensait qu'il n'y en avait pas. Toutefois, si une quête n'assure jamais une possession certaine ni durable, elle rend possible la circulation du sens et, par conséquent, la vie de l'esprit. Elle supplée aussi à l'angoisse du non-sens.

> « On donne un sens à l'existence humaine en posant la question du *pourquoi* et non du *comment*. »
> **G. Gusdorf**

La raison et le réel

TEST-BILAN

→ *Réponses au verso.*

1 Qu'est-ce qu'un savoir empirique ?

2 Qu'est-ce qui distingue une expérience sensible et une expérience scientifique ?

3 Quel lien peut-on établir entre certitude et vérité ?

4 La logique nous soumet-elle à ses règles ?

5 Qu'est-ce que le déterminisme naturel ?

6 Quelles sont les caractéristiques essentielles d'un organisme vivant ?

7 N'y a-t-il de vérité que scientifique ?

8 En quoi l'interprétation est-elle une activité majeure de l'esprit ?

SCHÉMA-BILAN

Savoir empirique / Connaissance scientifique

Expérience
- subjective/objective
- sensible/rationnelle
- vécue/scientifique

Problèmes
– relativité/certitude
– passivité/activité

Réalité
- logicomathématique
- expérimentale
- testimoniale

Problèmes
– démonstration/ fondement
– réel/rationnel

Vérité
- relative/absolue /
- vérité démontrée/ sens interprété

Problèmes
– contingence/nécessité
– objectivité/subjectivité

Réponses :

❶ Un savoir empirique (du grec *empeiria* = « expérience ») se constitue au fil des expériences où interviennent la perception, l'imagination, la mémoire et l'habitude. La répétition de situations identiques conduit à rapprocher, comparer, noter des ressemblances, des différences, à partir desquelles se dégagent par induction et déduction, des idées générales, des vérités *de fait*.

❷ L'expérience sensible est relative à la façon dont un sujet perçoit les choses et développe un savoir-faire pratique, subjectif et contingent. L'expérience scientifique est construite par la raison et reproductible méthodiquement, et entre dans la constitution d'une connaissance théorique, objective, visant à énoncer des lois nécessaires et universelles.

❸ Pour Descartes, l'*évidence rationnelle* a un aspect subjectif, la certitude, et un aspect objectif, la vérité. Cela signifie que si le sujet a atteint, par son entendement, la vérité de l'objet qu'il étudie, il éprouve une certitude attestant que l'idée est indubitable, claire et distincte. Il peut lui donner son assentiment et porter un *jugement vrai* sur l'objet.

❹ Oui, car toute pensée doit obéir aux principes logiques d'identité, de non-contradiction et du tiers exclu, sinon elle s'expose au contresens ou au non-sens. Ainsi peut être évité le discours délirant. Les règles de la logique peuvent alors être mises au service d'une pensée qui se développe librement.

❺ Les phénomènes naturels s'enchaînent selon des séries causales déterminées. Une cause détermine un effet, et l'ordre naturel représente l'ensemble des chaînes causales qui lient les phénomènes par des « relations constantes et permanentes » (Lagneau), des lois de la nature, nécessaires et universelles.

❻ Un organisme vivant est un individu, un tout constitué de parties (organes) solidaires les unes des autres, de telle façon que chacune existe *par* et *pour* les autres et *pour* le tout (Kant). On distingue trois éléments essentiels et indissociables : sa structure organique, ses fonctions et son milieu. Enfin, tout organisme est lié à une espèce et à son évolution.

❼ L'idée de vérité indique un rapport adéquat entre une chose et une pensée de la chose. Elle caractérise tout discours qui vise à rendre compte de l'objet qu'il expose et explore. La science énonce des vérités rationnelles de droit, mais d'autres voies ouvrent sur ce rapport d'adéquation entre discours et réalité : vérité empirique de fait, vérité esthétique, vérité morale, vérité métaphysique.

❽ L'interprétation est au cœur du rapport entre fait et sens. Si les faits sont donnés, le sens se cherche et se construit. Interpréter, c'est choisir et élaborer la direction et la signification des faits.

Échange et humanité

FICHE 36

I Échange et nature

1. Besoin et valeur

• Le besoin semble à l'origine des échanges. Mais les animaux ont des besoins, et pourtant, au sens strict, ils n'échangent rien. Il y a donc un facteur humain. On peut penser que l'homme échange car il a **intérêt** à le faire.

• L'**échange économique** est souvent le **modèle** de l'échange. La **valeur d'échange** d'une chose double sa **valeur d'usage** : j'échange une chose contre une autre dont j'ai besoin, sachant que je ne puis satisfaire seul ce manque.

2. Intérêt et calcul

• Selon **Aristote**, non seulement nous avons des « besoins semblables », mais nous avons « besoin des autres » pour les satisfaire ; et la **monnaie** facilite les échanges, en rendant commensurables entre elles des choses qui ne le sont pas (*Éthique à Nicomaque*, V).

• Les échanges reposent ainsi sur des **intérêts particuliers** qui supposent de notre part un calcul. La facilité de l'homme à échanger serait une composante de sa nature et un facteur d'explication de l'**organisation sociale** et économique.

II Échange et société

1. Économie et prestige

• Cependant, l'analyse anthropologique du **don** révèle que l'échange n'a pas seulement un sens économique : tout don appelle un **contre-don** irréductible à l'échange mercantile. Les individus prennent place dans une société et en sont ainsi reconnus comme des membres éminents.

• Le don a un **sens social** qui en explique le caractère paradoxal : il se doit d'être généreux pour être profitable. Même ambiguïté avec le ***potlatch* : devoir de donner, recevoir, rendre** (Mauss). Cette mise à l'épreuve du prestige personnel aux yeux des membres de la société est simultanément **rite social et calcul intéressé** : c'est un **« fait social total »** (Lévi-Strauss).

2. Valeur et humanité

• Considérer l'échange en fonction du seul intérêt particulier est donc réducteur. Le cadeau (présent, offrande) atteste d'une gratuité dont le fondement peut être l'amour. Mais nous pouvons toujours attendre que notre don soit payé d'un amour réciproque, et donc l'échange ne serait jamais totalement désintéressé.

• Mais s'agit-il alors d'un intérêt économique ? Il y a un **intérêt pour l'humanité**. Une authentique relation **morale** peut reposer sur l'échange. L'échange n'a pas alors seulement une valeur marchande. Il concerne des valeurs diverses (affective, morale). Il institue une règle sociale qui interdit et ouvre des possibilités de relations (voir « l'échange des femmes » chez les « peuples sans écriture »). Dès lors, la valeur de l'échange tient-elle à un échange de valeurs ?

III Échange et signes

1. Humanité et symbole

• Spécifiquement **humain**, l'échange repose sur une **réciprocité** qui dessine les contours d'une communauté possible ; il est l'occasion pour tout homme d'éprouver son humanité au contact d'autrui. Les échanges ne visent pas seulement à satisfaire nos intérêts. Le terme s'utilise dans des occurrences diverses car il concerne davantage que la seule forme économique.

• Les échanges sont également la manifestation d'un **rapport symbolique** essentiel pour les hommes. Vivre dans un monde humain, c'est vivre avec des signes et les échanger. L'échange rend possible la **circulation des signes** et participe à l'élaboration de toute **culture**.

2. Communication et désir

• Forme essentielle de la relation aux autres hommes, l'échange répond au **désir universel de communiquer** avec ses semblables. Sans échanges, il n'y a qu'une humanité imparfaite : l'enfant qui ne peut pas parler nous en donne une confirmation. L'échange est un médiateur indispensable entre le sujet individuel et le genre humain.

• « Établir » ou « rétablir » des échanges est donc l'indice qu'ils constituent pour les hommes un moyen privilégié d'instaurer une vie humaine plus complète et de partager ainsi des fins et des valeurs communes.

État et liberté

FICHE 37

I État et liberté naturelle

1. Paix et violence

- **La liberté naturelle est l'indépendance**, l'individu ne se rapportant qu'à lui-même, selon ses capacités. Elle amène l'institution de l'**État** en vertu du risque permanent de la **violence** « de chacun contre chacun » (Hobbes). L'État est d'abord formé pour restreindre l'indépendance de chacun et **garantir** ainsi **la liberté civile** de tous.

- Les hommes s'unissent par un **pacte d'association** afin de constituer un **corps politique**. Le « bon vouloir » de chacun doit se taire devant l'**intérêt commun**. La liberté naturelle doit être soumise à une puissance supérieure qui, par les **lois** et la **force publique**, maintient la **paix civile**. L'État ne peut accepter que la liberté naturelle mette en péril sa vie, sa stabilité.

2. Peuple et société

- L'État n'est pas seulement le moyen de maintenir une société : il forme un **peuple**, entité politique. La société est faite d'**individus unis par une culture** et des services mutuels. Elle a besoin de règles.

- Le peuple véritable suppose des **citoyens**, personnes juridiques unies par des **lois** communes. Les citoyens ont des **droits** et **devoirs** réciproques. C'est le moyen de faire coexister la multitude des hommes dans l'unité d'un peuple.

> « Renoncer à sa liberté, c'est renoncer à sa qualité d'homme, aux droits de l'humanité, même à ses devoirs. »
> **J.-J. Rousseau**

II État et éducation

1. Unité et idéal

- Les **lois politiques** ont pour fonction de rendre possible cette vie en commun, ressort de l'activité de l'État. Pour cela, elles doivent contribuer à **harmoniser les intérêts divergents** qui ne manquent jamais d'apparaître dans le corps politique. Le rôle de l'État est de montrer les voies possibles d'une unification, ce qui suppose qu'il soit animé par un **idéal de vie en communauté**.

- Cela peut expliquer la force de la république, forme de régime de gouvernement, et de la démocratie, forme de souveraineté (Kant), qui ménagent un espace public où la liberté politique de chacun peut s'exercer par une participation à la vie de l'État.

2. Autonomie et raison

- L'État ne se limite pas à la création de lois et à l'usage d'une force publique. Il faut qu'il mette en place les conditions d'un apprentissage de l'autonomie par le moyen de l'éducation. La fin de celle-ci est de faire accéder l'homme à un usage raisonnable de sa liberté.

- Rendre homme le citoyen, l'éduquer pour le responsabiliser, l'amener à une participation à la vie publique est un projet porteur d'une fin autant morale que politique. Comme fin nécessaire, elle seule assure la légitimité même de l'État ainsi que sa pérennité.

III Liberté de pensée et État

1. Le citoyen

- La liberté politique définit l'ensemble des rapports possibles autorisés aux autres membres du corps politique ; et doit contenir comme une réalité essentielle la liberté de penser et de s'exprimer publiquement. L'État ne peut que la favoriser par l'éducation qu'il propose. C'est dire également que ce projet peut se retourner contre lui-même.

- La liberté de pensée peut être à la fois une menace et un bienfait pour l'État, car elle peut toujours conduire le citoyen à remettre en cause sa légitimité.

2. Légitimité de l'État

- Mais c'est à ce prix qu'un État peut paraître pleinement légitime : en détruisant les conditions de sa propre critique, il devient l'ennemi de la liberté de pensée et est alors illégitime. Nul n'est tenu de respecter un État qui ne le respecterait pas.

- Il y a plus : l'État qui abuse d'une raison d'État, est toujours menacé de se perdre lui-même. Il est donc dans son intérêt même de garantir la liberté de pensée. Il ne peut la nier sans entrer en contradiction avec sa mission politique et morale.

- Une critique de l'État est donc nécessaire à sa vie même. Mais il incombe à toute pensée de respecter le droit de chacun à vivre dans la paix et de ne pas troubler l'ordre public, de ne pas mettre en péril la justice et la sécurité des membres de l'État.

La raison d'État

FICHE 38

I L'intérêt supérieur de l'État

1. Légal et légitime

- Un pouvoir souverain doit **assurer le bon fonctionnement des institutions** de l'État. L'ordre établi atteste la rationalisation des rapports entre citoyens par le **droit positif**. Mais le souverain doit aussi assurer la **stabilité de l'État**, sinon un ordre effectif ne serait pas garanti.

- Dans ce but, les gouvernants invoquent parfois la « raison d'État » et prennent des décisions illégales qui peuvent paraître illégitimes. La raison d'État pose le problème du **rapport entre légitimité et politique et entre légitimité et morale**, dans le domaine de la légalité.

2. L'auto-légitimation

- La raison d'État est légitimée par l'**intérêt supérieur** de l'État, au dessus des intérêts particuliers. Cela autoriserait les gouvernants responsables, à prendre des décisions hors de la stricte légalité, par **nécessité politique** : droit pris au nom d'impératifs (devoirs) propres à la logique d'État : respecter, maintenir, défendre les institutions.

- L'homme politique efficace doit saisir l'occasion, trouver la solution adaptée : prendre au bon moment la bonne décision, faisant preuve de *virtù* face à la *fortuna* (Machiavel). L'art politique est apparenté à celui de la guerre. La **raison légitime** est ici le **calcul** (*ratio*) pour faire usage de tel ou tel moyen.

- Il y a une **auto-légitimation** : la raison d'État est la raison *de* l'État. À la fois **autorité du souverain** qui décide au nom de l'État, et **raison** qui l'oblige à sortir de la légalité, qu'il doit aussi respecter et faire respecter.

II La fin ne justifie pas les moyens

1. Fins de la raison

- Cependant, la raison n'est pas que calcul, simple habileté face aux situations contingentes. L'intérêt supérieur de l'État ne doit pas occulter les **principes moraux**. Suffirait-il d'invoquer la raison d'État pour justifier une répression sanglante ?

• Les faits sont subordonnés à la raison qui pense les **valeurs du juste et du bien**. Si tel n'était pas le cas, « le prétendu droit du plus fort » régnerait (Rousseau). Le qualificatif de raison ne doit s'appliquer qu'à la véritable fin, dont le fondement ultime est moral.

• Alors, sont **déraisonnables** les **moyens** qui, illégaux, sont aussi illégitimes, en opposition avec le droit et la moralité.

2. Raison d'État et violence

• La raison comme calcul invoque une **nécessité de fait**, à laquelle elle opposerait un « réalisme » **pragmatique**. On peut aussi voir là le signe d'une incompétence ou d'une impuissance du politique, puisqu'il aurait mieux valu ne pas en arriver là.

• La fin politique ne saurait justifier les moyens qui dérogent à la fin morale : **le principe d'humanité transcende l'État**.

• La **force**, alliée du droit, est **nécessaire**, mais la raison d'État apparaît plutôt comme violence, voie ouverte à la déraison, à l'**abus de pouvoir**. La création d'un **tribunal international** et les procès pour crimes contre l'humanité sont des moyens de lutter contre ces excès.

> « La vraie politique ne peut [...] faire un pas sans avoir auparavant rendu hommage à la morale. »
>
> **E. Kant**

III Raison politique et raison morale

1. Dignité du citoyen

• La raison d'État révèle le rapport problématique entre politique et morale. En effet, si la raison d'État est invoquée par un tyran, c'est plutôt la raison du tyran qui parle, servant ses intérêts particuliers.

• Cependant, l'**ordre politique** doit être garanti. Sécurité, propriété, justice et liberté doivent absolument être assurées, au nom d'une **raison supérieure**, respectueuse de ce qui fait de l'homme un citoyen et une personne ; dès lors, dans une décision politique, sa dignité est en jeu.

2. Le politique moraliste

Telle serait l'exigence d'une morale politique, à laquelle se soumet le responsable politique. Non un « moraliste politique » qui adapte sa morale à sa carrière politique, mais un « politique moraliste » (Kant) **qui ne déroge pas aux principes de la morale** en invoquant une raison douteuse.

Violence : nature et société

I Nature et violence

1. Force et violence

La nature montre une force qui n'est pas violente au sens strict, car sans volonté et sans désir de faire le mal. C'est donc à partir de la nature humaine seule qu'il faut chercher à comprendre la **violence « contre-nature »**.

2. La démesure

• L'homme est capable de « démesure » (*ubris*). Il peut se laisser aller à la violence de ses **passions** qui l'aveuglent, au point qu'il ne peut plus juger et savoir ce qui est juste et bon pour lui et pour autrui. Il serait agressif, agissant par soif de domination et goût de la destruction.

• La violence serait d'autant plus destructrice que s'y joindrait la force de la **volonté**. L'être violent veut détruire, c'est en cela qu'il est monstrueux et pervers. En ce sens, il est un être problématique pour la philosophie, car il **s'oppose à toute possibilité de sagesse**. Mais est-ce une explication suffisante de l'origine de la violence ?

II Violence et humanité

1. Société et inégalité

• La violence s'exerce toujours sur soi ou sur autrui. Elle est une **relation**. Mais elle n'est pas seulement imputable à un « naturel mauvais ». Enraciner la violence dans le désir n'est pas suffisant : il faut que ce désir trouve des raisons de s'exprimer violemment.

• L'**organisation sociale** peut être invoquée comme une **raison suffisante**. Si l'homme trouvait dans la société de quoi réaliser son bonheur, serait-il conduit à faire le mal ? La société produisant des inégalités, la violence serait une façon d'exprimer un ressentiment contre elle.

• Elle ne proposerait pas de valeurs suffisamment communes pour que chacun éprouve le désir d'y vivre en paix. La **violence** est un dernier recours, une **forme désespérée de l'action**, en même temps qu'un **produit de la civilisation**.

« [L'homme révolté] se dresse sur un monde brisé pour en réclamer l'unité. »
A. Camus

2. Politique et tyrannie

- Le problème se retrouve sur le plan politique. Le **pouvoir** ne pourrait aller sans **injustice**, tous les hommes étant portés à en abuser (« insociable sociabilité » selon Kant). La **tyrannie** est l'archétype du pouvoir violent, volonté destructrice favorisée par les conditions historiques et sociales.

- Mais n'est-ce pas parce qu'une société génère des inégalités qu'il y a histoire, et possibilité, voire nécessité de progrès pour les résoudre ?

III Violence et philosophie

1. Conflit et progrès

- **« Le conflit est père de toutes choses »** (Héraclite) : il cause, fait advenir le changement dans la nature et dans les sociétés. Mais il ne justifie pas la violence. Il est un processus qui fait naître du nouveau au sein de ce qui existe déjà. Il peut devenir violent, mais aussi une forme salvatrice d'échanges, de **progrès**. L'opposition conflictuelle serait le **moyen dialectique** par lequel les choses et les hommes s'accomplissent. Le conflit participe ainsi du sens de la réalité humaine.

- Une « crise » douloureuse conduit aussi à passer d'un plan à un autre, qui justifie et explique une histoire, faite de déchirements successifs qui appellent une ère nouvelle d'apaisement.

2. Éducation et liberté

- Paradoxalement, en tant qu'obstacle à l'instauration d'une vie raisonnable et heureuse, la violence peut aussi constituer un **moteur pour la pensée et l'action**. Elle donne une raison d'être à la philosophie, l'amenant à réfléchir sur ce que pourraient et devraient être l'homme et la société de demain.

- La violence n'étant pas une fatalité, la **philosophie** suppose l'**homme** comme un **être éducable et perfectible** et, en s'efforçant de penser les conditions d'un « meilleur régime » politique, elle cherche à **concevoir une société plus juste**, dans laquelle la violence ne devrait et ne pourrait pas avoir sa place.

- Mais la philosophie pense aussi le **paradoxe** insurmontable de la violence, qui est celui de la **nature** de l'homme, indissociable de la **liberté** humaine : pouvoir faire le mal, mais, au lieu de le faire, tâcher de comprendre la situation.

Pouvoir et droit

FICHE 40

I Les relations humaines

1. L'idée de pouvoir

- Le pouvoir est la capacité d'une chose à causer des changements en d'autres choses, en raison de ses qualités : l'eau dissout le sucre. Le rôle de l'eau est déterminant. Le pouvoir indique donc une relation où des éléments sont soumis à d'autres.

- Cette relation peut être physique, psychologique, politique, spirituelle, etc. Il est nécessaire d'en connaître les termes. De plus, le pouvoir a des effets allant de la simple modification réversible à la destruction totale.

2. Besoin, désir et droit

- Le pouvoir est un élément essentiel des relations humaines. De l'influence à la maîtrise et à l'ascendant aliénant, il se retrouve dans les rapports parent/enfant, société/individu, gouvernant/gouverné, etc.

- Il peut être physique, mais la force est relative (l'union l'accroît), et les rapports entre les hommes ne peuvent être réglés par elle. Dans le règne animal, l'usage instinctif de la force est au service des besoins naturels. Mais l'homme, être de désirs, dépasse ce cadre.

- Au service des passions, la force peut mener à la violence. Les rapports dans la Cité doivent être régis par un autre mode de pouvoir : force n'est pas droit.

3. Pouvoir et raison

- La raison pose les règles pouvant ordonner les rapports humains. Elle institue le droit qui détermine le pouvoir légal, dont l'État doit garantir le respect. Aux hommes d'établir les lois d'un ordre juste dans la Cité : le pouvoir individuel de se gouverner soi-même est confié au souverain.
- Les lois naturelles déterminent ce qui est nécessaire, impossible et possible ; les lois humaines, ce qui est obligatoire, interdit et permis.

- Le droit établit le cadre légal du pouvoir (*potestas*) et de son usage. Mais à l'inverse, la puissance (*potentia*) de faire quelque chose n'implique pas le droit de l'exercer.

> « Le pouvoir, mais non la violence, est l'élément essentiel de toute forme de gouvernement. »
> **H. Arendt**

II Légitimité et légalité du pouvoir

1. Exercice du pouvoir

• À qui confier le pouvoir souverain et quelles sont ses limites ? Les critères varient. Un monarque sacré a une autorité politique absolument légitimée : il a un pouvoir spirituel et terrestre.

• Dans une **démocratie**, la volonté générale légitime le pouvoir des gouvernants : le **peuple** est **souverain**, les élus exercent le pouvoir. Ainsi, les citoyens n'obéissent qu'à la loi. Le **droit** devrait être une façon de **rationaliser le pouvoir de façon juste**.

2. Les trois pouvoirs

• La possibilité de l'abus de pouvoir oblige à définir les rapports entre **le législatif, l'exécutif et le judiciaire**. Leur **séparation** signe le souci de trouver équilibre et interdépendance entre les trois, pour prévenir dérives et excès, sans empêcher leur exercice.

• De plus, le **droit**, institué pour lutter contre la violence, a besoin de la **force** pour faire respecter la loi : la force publique est un pouvoir indispensable, dans le cadre du droit.

III Pouvoir et sagesse

1. Passion du pouvoir

• L'**ambition** pousse à la réalisation d'un projet, mais elle *peut* conduire à déroger aux principes juridiques et moraux. Pour l'ambitieux, le **pouvoir** est une **fin en soi**. Or la **morale politique** exige l'intégrité dans l'exercice du pouvoir, au service de l'intérêt général.

• Un **pouvoir sur soi** (prudence, sagesse) permet de lutter contre une conséquence possible de l'exercice et du goût du pouvoir : corruption, tyrannie, totalitarisme.

• Les individus n'ont parfois d'autres recours que la force, la résistance armée, la dissidence ou la désobéissance civile, pour préserver leur liberté contre l'abus de pouvoir dû à la passion du pouvoir.

2. Pouvoir et vertu

Le sage donne l'idée du véritable pouvoir de l'homme dans son rapport au monde, aux autres et à lui-même : **pouvoir de la raison réglant la liberté du vouloir**. La vertu exprime la nature morale de celui qui est capable de mesure, une maîtrise qui n'est pas étouffement des passions mais rectitude d'un esprit droit.

FICHE 41

Droit : nature et norme

I Nature humaine et origine du droit

1. Règle et société

• La **loi juridique** s'impose aux membres d'une **communauté politique**, sans avoir de valeur universelle, les autres nations ayant des codes différents. Est universelle l'attitude de *tous* les hommes d'*une* société, s'imposant des règles communes pour vivre ensemble.

• La **liberté naturelle** de chacun peut être un **obstacle** à la formation d'une communauté politique. On peut supposer une sociabilité poussant les hommes à créer les conditions d'une société viable, luttant contre les obstacles qui la menacent.

2. Nature et loi

• L'idée de **nature humaine** sert de fondement à un **droit naturel**. Le **droit « juridique »** serait l'application particulière d'un droit primitif. La force du droit viendrait alors de la nature de l'homme, commandant d'**obéir à une règle commune**.

• Mais un tel droit naturel existe-t-il ? Peut-il exister sans le droit « juridique » ? Celui-ci peut lui donner force de droit. Aussi est-ce par lui qu'un droit naturel peut être respecté. Il faut interroger le pouvoir du droit juridique pour en comprendre l'efficacité.

> « Nous sommes nés pour la justice. »
> **Cicéron**

II Droit et pouvoir

1. L'autorité politique

• Un droit est inséparable de **sanctions**. La règle juridique s'accompagne de peines et de châtiments pour ceux qui ne la respectent pas. La crainte peut être le mobile du respect. Une loi écrite n'effraye personne, seul le gendarme fait peur.

• L'**utilité** est le vrai motif. La loi commande aux hommes qu'il vaut mieux la respecter, par une sorte de calcul. Mais elle ne peut seule expliquer la force du droit. La sanction doit être manifeste.

• Dans toute société, le **régime politique** en place est le détenteur de la **force légitime**. C'est donc par l'autorité politique que le droit est craint et respecté. Elle donne au droit la possibilité d'être réel par le pouvoir de sanctionner.

> « Le droit est une convention utilitaire faite en vue de ne pas se nuire mutuellement. »
> **Épicure**

• Il y a donc **deux forces** inséparables : celle de la **sanction** inhérente à la loi juridique et celle de l'**autorité politique** qui veille à son respect.

2. État et législation

• L'**État** ne fait-il que soutenir le droit ? En tant que **pouvoir législatif**, il institue la **norme du juste et de l'injuste**. Seule une autorité reconnue peut promulguer des lois. Le pouvoir souverain de l'État serait donc antérieur au droit.

• L'État manifeste sa puissance dans cette capacité de création du droit, qui n'est donc pas l'expression d'une justice idéale et éternelle, mais un puissant instrument qui sert à légitimer un ordre politique existant.

• Le droit permet au pouvoir en place de modeler les conduites des hommes et d'instaurer des rapports nouveaux. Quelle est la légitimité d'un tel pouvoir ?

III Droit et raison

1. Histoire et loi

L'histoire joue un rôle décisif dans l'instauration du droit, mais la légitimité de celui-ci n'est pas arbitraire. Qu'un pouvoir décide d'édicter une loi est toujours contestable. Le temps ne donne pas une légitimité suffisante au droit. Le **code juridique** n'est pas un système définitif : il épouse l'ensemble de la réalité humaine et est **susceptible d'amendements**, voire d'applications novatrices dont témoigne notamment la jurisprudence.

2. Droit et idéal

• Sa force est aussi dans cette **capacité permanente de s'adapter** à une réalité changeante. C'est, finalement, au pouvoir même de la raison qu'il faut rendre le droit. Elle est capable de faire du droit l'instrument de la réalisation de ses propres fins. Sans le recours à l'idée de justice, par exemple, le droit ne peut assurer fermement son emprise sur une communauté.

• Le droit est idéalement une **tâche infinie de la raison**, et possède ainsi une légitimité qui doit permettre aux hommes de ne pas désespérer de son pouvoir. En ce sens, **le droit d'une société est toujours à faire**. Il ne peut se contenter de règles coutumières, la coutume n'étant jamais une raison suffisante de ce qui est juste.

Justice : vertu et institution

FICHE 42

I Vertu de justice

1. Justice et harmonie

La justice est une **vertu** cardinale avec le **courage**, la **tempérance** et la **prudence** (Platon). Elle est l'**harmonie** des trois autres et s'en distingue, car elle n'a trait qu'aux rapports avec **autrui**, alors que les autres s'exercent aussi pour soi seul.

2. Justice et intention droite

- **Vertu éthique** (*etho* : « manière d'être »), la justice est une *disposition* (état habituel stable), qui fait **agir par choix délibéré** selon la droite règle (Aristote). Accomplir une action juste involontairement lui ôte de sa valeur.

- L'**homme juste** obéit à la règle avec une intention droite et de manière infaillible. Cette règle est la **loi** qui, pour être juste, doit être édictée par la **raison**.

II Droite raison et nature humaine

1. Nature du sage et ordre de la nature

- La nature a doté l'homme de la raison lui permettant de connaître le principe d'un ordre juste, s'il est à son écoute et en fait un usage droit. Le **sage** laisse parler la **droite raison** en lui, c'est-à-dire la **nature** en l'homme (Cicéron).

- Alors, le *logos* qui préside à l'ordre universel (*cosmos*), que seule la droite raison peut connaître, n'est-il pas le principe premier auquel il faut recourir (stoïciens) ? En se référant à la **nature, modèle d'équilibre et d'harmonie**, ne recherche-t-on pas ce critère en vue d'établir un ordre analogue au sein du microcosme de la Cité ?

2. Fondement métaphysique de la justice et harmonie universelle

- Cette analogie conduit à un fondement métaphysique de la justice, un principe universel transcendant manifeste dans le sentiment de la justice. Les hommes qui s'éloignent de cet ordre, s'aliènent et vivent dans un monde chaotique injuste.

• La tâche de chaque homme serait de trouver une **harmonie entre sa nature individuelle, la nature humaine et la nature universelle**. Cette idée de la justice a la force et la faiblesse de l'idéal. Bien qu'inaccessible, un idéal peut pousser les hommes à devenir meilleurs. Mais l'exigence d'ordre n'attend pas.

III Justice et politique

1. Légalité et égalité

• Il faut établir des lois, rendre la justice, garantir le respect de la légalité et de l'égalité, *hic et nunc* (« ici et maintenant »). Le respect de la légalité instaure la justice sociale. Les citoyens doivent être **égaux dans et devant la loi** : dans son contenu et face au juge qui l'applique.

• L'égalité est relative à deux formes de justice (Aristote). La **justice commutative**, entre personnes privées (dans les contrats par exemple) : égalité arithmétique, stricte, quels que soient les individus ; et la **justice distributive**, entre l'État et les citoyens, dans la répartition par l'État, des fonctions, des honneurs, etc. : égalité de proportion (géométrique), selon les différences entre individus, pour traiter inégalement les inégaux.

2. Le respect des conventions de justice

Les critères varient selon les situations et les contextes politiques : besoin, mérite, savoir, honneurs, etc. Dès lors, la justice apparaît liée au respect de conventions passées entre les hommes, et aux moyens assurant ce respect. La justice ne peut être pensée sans le **pouvoir civil** qui garantit l'obéissance aux lois. Cependant, leur application tient à ceux qui sont chargés de « dire le droit », de « rendre la justice ».

IV Justice et équité

1. La vertu du juge

L'application de la loi (pouvoir judiciaire) exige une vertu de justice. L'**équité d'un juge** montre sa capacité à **corriger les insuffisances de la loi** dans certains cas (Aristote). Mais l'exercice des pouvoirs législatif et exécutif demande aussi justice et équité.

2. L'homme et la Cité

Ainsi, s'interroger sur la justice conduit à réfléchir sur la capacité de tout individu à **agir selon une règle juste**, et sur la Cité où la justice répond à une exigence de paix toujours menacée par le chaos ou la violence.

La politique

TEST-BILAN

→ *Réponses au verso.*

1. **En quoi les échanges sont-ils nécessaires aux hommes ?**
2. **Qu'est-ce qui distingue la liberté naturelle et la liberté politique ?**
3. **Dans la raison d'État, de quelle raison s'agit-il ?**
4. **La violence nie-t-elle la sagesse ?**
5. **Quelles formes prend le pouvoir politique ?**
6. **Qu'est-ce qui distingue une loi naturelle et une loi humaine ?**
7. **Qu'est-ce que la jurisprudence ?**
8. **Qu'est-ce qu'une vertu ?**
9. **Qu'est-ce que l'équité ?**

SCHÉMA-BILAN

État : pouvoir, droit, justice

Liberté
- naturelle/politique
- légalité/légitimité
- absolue/relative

Problèmes
- *forme/sens*
- *obligation/contrainte*
- *déterminisme/ libération*

Pouvoir
- naturel/légal
- violence/force
- législatif/ judiciaire/exécutif

Problèmes
- *fondement/principes*
- *abus/raison d'État*
- *unité/diversité du pouvoir*

Justice
- individu/cité
- lettre/esprit de la loi
- égalité/équité

Problèmes
- *liberté/juste/justice/*
- *légalité/moralité*

Réponses :

1 Ils sont nécessaires pour assouvir les besoins vitaux, à l'échelle individuelle (intérêts particuliers) et sociale (économie, valeurs d'échange et d'usage) ; pour l'humanité (impliquant des valeurs affectives et morales) ; pour toute culture (circulation des symboles qui structurent les rapports humains).

2 Liberté naturelle : indépendance à l'égard du cours déterminé des phénomènes, un individu pouvant vouloir l'orienter au profit d'une fin qu'il se donne (existence). Liberté politique : définie par les bornes du juste et de l'injuste (droit) ; le citoyen a le devoir de s'y soumettre.

3 La raison d'État tient à la nécessité de fait dans une situation qui menace la stabilité politique ; mais elle peut être la raison de l'État, selon une logique de maintien du pouvoir ; les abus possibles obligent à la fonder dans un impératif issu de la raison morale.

4 La violence, brisant l'harmonie que la sagesse vise, la nie ; mais la sagesse fait de la violence une source d'interrogation, afin d'en analyser la forme, d'en régler les effets, d'en comprendre les causes pour mieux lutter contre elle. La sagesse, niée en fait, doit s'affirmer en droit contre la violence.

5 Le pouvoir politique est triple : législatif, judiciaire et exécutif. Indissociables, ces trois pouvoirs doivent être indépendants, mais liés de façon harmonieuse, juste (Montesquieu). Le pouvoir politique montre aussi un double aspect : le pouvoir des lois (droit) et des armes (force publique). Il doit être légal et légitime.

6 Une loi naturelle relève du déterminisme universel (limites du nécessaire, de l'impossible et du possible) ; le savant l'énonce mais ne la crée pas. Une loi humaine est instituée par l'homme (limites de l'obligatoire, de l'interdit et du permis) ; son énonciation précède et pose son existence.

7 Sens ancien : la jurisprudence est la science du droit (*jus*). Le prudent est celui qui sait quelle règle appliquer dans tel cas. Sens actuel : la jurisprudence désigne la décision prise par le juge pour résoudre un problème de droit. Sa décision fait jurisprudence car elle marque les décisions à venir.

8 La vertu (du latin *vir*, « valeur virile ») d'une chose tient à sa nature (vertu de l'eau). Pour l'homme, « la vertu est l'application parfaite de la droite raison à la vie » (Cicéron). La vertu peut être intellectuelle (théorique, la *sophia* ; pratique, la prudence) ou morale (éthique). La vertu est une disposition acquise (Aristote), jusqu'à être une seconde nature.

9 L'équité est la justice, et plus que la justice (Aristote), car elle évite les injustices qu'une loi peut créer dans telle situation particulière, du fait de sa généralité.

Devoir : obligation et contrainte

FICHE 44

I Devoir et obligations sociales

1. Limites : prescrit, interdit, permis

• Toute culture prescrit et interdit, dit ce qui *doit* être, limitant ce qui *peut* être, est permis. Règles et valeurs instaurent l'ordre social à partir de critères du devoir-être. Ainsi, sans le vouloir, en « faisant ses devoirs », un enfant intègre à sa façon de penser et d'agir des notions déterminantes.

• De même, aux fonctions sociales sont liés des devoirs et charges imprégnant le comportement de ceux qui les exercent : le fonctionnaire a un « devoir de réserve », et le soldat « accomplit son devoir » en obéissant aux ordres.

2. Conditionnement et liberté

• Les obligations sociales peuvent devenir contraignantes, consciemment ou non : conditionnement social, poids des traditions. Cependant, par sa volonté, l'homme peut se libérer de l'emprise de contraintes sociales excessives, en remplissant ses devoirs sans en être prisonnier.

• Mais se repose la question de l'obéissance à des devoirs sans lesquels une société ne ferait pas corps. En effet, la simple possibilité de désobéissance à une obligation conduit, par réalisme, à penser la nécessité d'une contrainte pour maintenir l'ordre social.

II Devoir civique et contrainte

1. Désobéissance et sanction

• Le droit politique implique le respect de devoirs civiques, en premier la connaissance et le respect des lois. En cas contraire, seul l'usage légal de la force donne au droit la puissance qui lui manque pour s'imposer à la conscience. La sanction pénale est la conséquence juridique de la désobéissance à l'obligation légale.

• Le condamné doit purger sa peine, c'est une nécessité contraignante et non une simple obligation, car il n'a plus la liberté de choisir. En s'opposant à l'accomplissement de la peine, il est en conflit ouvert avec la Cité.

2. Obéissance et liberté

L'obéissance à la loi doit être librement consentie, un effet de la volonté du citoyen. Cela présuppose que le fondement du droit soit en accord avec le caractère moral du devoir, l'autonomie du sujet.

III Impératif catégorique et conscience

1. Maxime subjective et loi objective

- Le principe moral du devoir fonde ses aspects politiques et sociaux. Cela permet de penser que, si cultures et histoire nous montrent que les devoirs sont relatifs, il ne faut pas pour autant renoncer à s'interroger sur l'existence d'une valeur absolue et d'une obligation universelle du devoir-être.
- Peut-on concevoir un devoir suprême, un « impératif catégorique » (Kant) ? On sait que l'on ne doit pas mentir parce que le mensonge est condamnable en soi, par principe. Et la raison peut penser ce « principe pratique suprême », c'est-à-dire moral. Ma maxime subjective dit ce que « je veux faire », la loi morale objective dit ce que « je dois faire ». Il est de ma responsabilité de rapporter l'une à l'autre et de me déterminer à agir selon mon jugement.

2. Le sens du devoir

- Seul l'homme a des devoirs. Être de passion et de raison, il peut vivre un conflit entre être et devoir-être. Mais l'obéissance à la loi n'est pas simple conformité extérieure au devoir : une action morale doit être accomplie par devoir ; le devoir est son seul mobile. Mais l'action morale pure est un idéal.
- L'homme est toutefois responsable de la moralisation de ses actions réelles, du dépassement de ses penchants sensibles par la puissance et l'autonomie de sa volonté. Sa dignité est en jeu comme valeur absolue.
- On parle d'un sens du devoir, capacité de saisir et de faire ce qu'il faut faire. On invoque par exemple un devoir de résistance ou de désobéissance lorsque des ordres obligent un homme à accomplir ce que sa conscience condamne. Le devoir n'est pas seulement lié à la règle posée ou imposée, mais à la volonté de celui qui, « en son âme et conscience », décide ou non de lui obéir, librement.

Personne, personnage, personnalité

FICHE 45

I Personnage et personnalité

1. Conscience de soi

Seul l'homme, être conscient de lui-même, est une personne. Il vit et **sait qu'il vit**, à la différence des animaux (conscience immédiate, non réfléchie) et des choses. C'est un **sujet**, un moi qui se pense, dit **« je »**, exprimant ainsi la conscience de son individualité corporelle et spirituelle.

2. Rôle et masque

- Personne et personnage sont intimement liés (Mauss). La personne dans une tribu, un clan où elle a un nom, a un **rôle défini**, **personnage** symbolisé par un masque lors de rites. Le masque signifie le rôle et il cache le visage de celui qui le porte (en latin *persona* : « masque »).

- L'homme a un rôle à jouer sur la scène du monde en tant que personnage convié au festin de la vie (Épictète). Cependant, il s'agit de lui-même : à lui d'interpréter au mieux le rôle qui lui incombe, le sens de sa personnalité et son existence sont en jeu.

> « Chacun a sa manière d'aimer et de haïr, et cet amour, cette haine reflètent sa personnalité tout entière. »
> **H. Bergson**

II Personne, visage et conscience

1. Extérieur et intérieur

- La personne est présente par son **visage**, celui-ci est habité par la personne : « ce visage, ce regard, c'est lui », dit-on.

- Mais un visage est changeant (sentiments, l'âge, etc.). Il a des expressions. Il extériorise des aspects intérieurs de la personne. Il peut « trahir » une pensée ou un sentiment (rougeur, pâleur, etc.).

2. Appartenance à soi

- Le ***cogito*** (*je pense*) se tient au cœur de la personne. Cette **conscience subjective** accompagne la pensée, comme point d'ancrage et centre générateur. Le sujet a le sentiment de demeurer lui-même, la même personne, par-delà les changements « extérieurs ».

> « La *personne* est ce sujet dont les actions sont susceptibles d'une *imputation*. »
> **E. Kant**

• C'est toujours « moi » qui, maintenant comme hier, ici comme là-bas, me pense identique à moi-même, cependant pris dans un devenir. Quand je me pense, je suis sujet pensant et pensé. Cette appartenance à soi qualifie la personne et permet de comprendre le respect qui lui est dû, tant sur le plan juridique que moral.

III Personne et sujet de droit

1. Statut juridique

Les Romains ont défini la notion juridique de la personne comme sujet de droit, avec un statut civil et un droit de cité, auxquels les esclaves n'avaient pas accès. Dans ce système juridique, la personne est donc attachée à une valeur qui n'est pas reconnue à tous.

2. Égalité de droit

• L'histoire du droit montre un progrès de cette reconnaissance juridique de toute personne (rôle de la conception chrétienne de l'égalité).

• En ce sens, chacun est en droit l'égal des autres, qu'il soit un enfant, un malade mental, ou tout autre, aussi différent soit-il en fait de ce que la société peut poser comme norme.

IV La personne humaine, sujet moral

1. Universel moral

• Objectivement, l'idée de personne tient à l'égalité et à la légalité qui caractérisent la justice. Et subjectivement, à tout homme est reconnue une intériorité personnelle. La personne est responsable de sa pensée et de ses actes, parce qu'elle est apte à en concevoir les principes et les conséquences, mais aussi parce qu'elle a un statut juridique.

• Cela présuppose que l'homme, par sa volonté, est libre de penser et d'agir selon les principes que sa raison lui dicte. Alors la notion de personne prend un sens moral universel fondamental.

2. Dignité de la personne

• Les personnes, distinctes des choses, ont une dignité qui est une valeur absolue et non relative. Rien ni personne ne peut enlever à l'homme ce qui le caractérise comme personne, libre et autonome.

• C'est son pouvoir de se déterminer soi-même librement à agir selon les principes de la raison, qui fait de la personne une fin en soi, et pas simplement un moyen pour les autres hommes (Kant).

Volonté et liberté

FICHE 46

I Nature et volonté

1. Passion et volonté

- Agir « sous le coup de la passion », c'est agir « à moitié », incomplètement ; la passion est cette force qui m'agite et menace ma liberté. Lorsque mon action est déterminée par ma nature ou par autrui, ma volonté n'en est alors plus le principe. Mon acte n'est pas « volontaire » : je n'agis plus.

- Nous parlons volontiers d'influence naturelle ou sociale, par opposition à la détermination volontaire. Mais une forte influence peut être déterminante.

2. Désir et décision

> « La volonté concerne surtout le but, et le choix des moyens de l'atteindre. »
> **Aristote**

- La volonté se distingue du désir, force capable de me pousser à agir, et qui lui ressemble par son pouvoir. Désirer une chose peut-il conduire à la vouloir ?

- Mais le désir nous laisse ignorant des raisons profondes de nos actions. Alors que la volonté, en tant que décision, s'accompagne d'une « bonne délibération » sur les moyens d'atteindre nos fins (Aristote) et d'un choix. Choisir suppose la possibilité de ne pas vouloir.

II Savoir et action

1. Raison et fin

- La volonté implique le savoir. C'est pourquoi l'action volontaire échoit à l'homme, seul capable de poser les règles de son action. Kant distingue « agir selon des lois » (animaux, lois de la nature) et « agir selon la représentation de lois » (homme).

- Faire usage d'une volonté raisonnable revient à poser une fin valable pour tout homme (→ *voir fiche 44, p. 93*). La volonté, déterminée par la représentation de ce qui est bon, n'est plus seulement particulière, mais vise un universel.

2. Pouvoir et conscience

- Agir volontairement, c'est aussi adopter un certain comportement. La volonté engage une pensée active. Le corps lui donne la possibilité de s'incarner et d'être un certain pouvoir d'agir physiquement, sans lequel la volonté est vouée au néant.

- En voulant l'impossible, par exemple, nous condamnons par avance notre volonté. Cela peut aussi exprimer un « vœu pieux », c'est-à-dire sans espoir de réalisation.

- Un « je veux » (volition) se distingue d'un « je voudrais » (souhait ou velléité). Il est différent de s'engager dans l'action et de se la représenter. En tant que conscience, l'homme a le pouvoir de se représenter une action de multiples manières, mais elle n'est pas encore voulue.

III Volonté et universalité

1. Norme et action

- C'est par son universalité que la volonté trouve son véritable sens, comme référence consciente à des normes, à la différence du besoin (nature), du désir ou de la passion.

- L'action volontaire a une double signification : un acte où l'homme est pleinement maître de ce qu'il fait, en accord avec ce qu'il pense ; et un acte pleinement humain qui a valeur d'exemple pour tout homme, bien que l'on puisse le refuser (choix).

2. Liberté et mal

- Il y a un rapport essentiel entre volonté et liberté. **L'acte volontaire est toujours libre**, c'est-à-dire engage ma personne dans une complète adhésion à l'action. La liberté prend alors le sens d'une auto-détermination à l'action, qui seule peut s'appeler l'**autonomie** (*autos* : « soi-même » ; *nomos* : « loi »).

- Le comportement volontaire différencie spécifiquement l'homme du reste de la nature. Sa négation est celle de toute idée d'humanité. En ce sens aussi, l'automatisation est une dégradation au rang de machine.

- Mais la volonté elle-même peut conduire à une **négation**. La volonté du mal, en particulier, a un dessein paradoxal puisqu'ici la liberté s'exerce contre elle-même. Le principe de détermination de la volonté est extérieur à la raison. Lorsque la passion « fait la loi », Kant parle ainsi de l'**hétéronomie de la volonté et du vice**.

- La volonté peut nous élever comme nous abaisser. Aussi, toute action volontaire appelle une **interrogation éthique**, par laquelle l'homme s'affirme en exerçant librement sa volonté.

Liberté et déterminisme

FICHE 47

I Déterminisme et conscience

1. Loi et nécessité

- Les **lois naturelles** sont **nécessaires et universelles**. Le cours naturel des choses est déterminé selon ces lois. Ce déterminisme nie notre liberté : il s'impose sans que nous puissions le modifier.

- L'animal subit le déterminisme naturel : il n'en prend pas conscience. L'homme fait l'expérience de nécessités naturelles, et il s'interroge sur sa liberté, sans cesse menacée. Cela suffit-il à dire que l'homme est libre ?

2. Doute et savoir

- L'homme, conscient de ce qui entrave sa liberté, n'est pas totalement démuni face au déterminisme. La conscience lui délivre un savoir ambigu sur lui-même. L'homme n'est pas totalement ignorant des raisons de ses pensées ou de ses actes : s'il lui est difficile de décider et de séparer en lui ignorance et savoir de soi, il a toutefois la **possibilité permanente de douter**.

- Il peut douter de sa liberté au moment où il en a le sentiment. Pouvant refuser de donner un assentiment spontané à ce qu'il éprouve, il manifeste un pouvoir de mise à distance à l'égard de lui-même. N'est-ce pas le signe de sa liberté ?

- L'erreur serait de penser que la liberté est donnée une fois pour toutes. La prise de conscience du déterminisme suppose un temps où la conscience n'était pas libre ; et elle n'annule pas la réalité et les effets du déterminisme, mais évite d'en être dupe. Être libre, n'est-ce donc pas d'abord lutter contre une **illusion** menaçante ?

II Déterminisme et nécessité

1. Aliénation

- On peut penser que c'est une manière négative de parler de la liberté, mais cette prise de conscience est un processus qui nous réalise. Liberté et déterminisme n'en sont pas moins opposés, si celui-ci signifie ce qui s'impose à nous du dehors (lois de la nature).

- Mais, en nous une nécessité se révèle, celle de **penser notre aliénation** : en pensant ce qui nous détermine, nous réaliserions notre nature. Un tel travail de réflexion sur le déterminisme montre que nous ne pouvons jamais lui échapper totalement.

2. Liberté et réflexion

• Cela est préférable à la soumission à des contraintes qui nous dépassent, nous nient, parce que nous ne les comprenons pas. Avec un tel savoir, l'homme est en mesure de dire qu'il agit vraiment. Soumis à une cause qu'il ignore, il n'agit pas : c'est la cause qui agit en lui. Sa liberté n'est alors qu'un songe.

• Toutefois, affirmer que la liberté consiste à penser le déterminisme et accomplir notre nature pensante, n'est-ce pas lui donner une raison et ainsi la justifier par autre chose qu'elle-même ?

III Liberté réelle et liberté pensée

1. Liberté et négation

• La pensée résiste à l'idée du déterminisme absolu comme explication de tout ce qui est. Sans doute parce qu'il exclut le possible. L'homme pense le nécessaire et le possible, et lie liberté et champ de possibilités. C'est pourquoi l'idée d'une **liberté contingente** lui semble une définition plus acceptable de sa liberté.

• L'homme se fait ainsi la source absolue de ses décisions et de ses actions et éprouve sa liberté comme **pouvoir absolu de négation de tous les déterminismes**. Un tel pouvoir n'est cependant pas suffisant.

2. Liberté et action

• La liberté est mise à l'épreuve dans son rapport au déterminisme. Elle n'est qu'en vertu de l'existence de fait du déterminisme. En ce sens, le problème de la liberté n'existe que pour une conscience contrainte qui s'engage. Nous pouvons toujours penser la liberté métaphysique comme un pur commencement. Mais une **liberté existentielle** n'existe que par sa confrontation avec les obstacles qui tendent à la nier.

« [Est] libre un homme dans la mesure où il agit sous la conduite de la raison. »

B. Spinoza

• Être libre, ce n'est pas nier le déterminisme, mais l'identifier et le situer. C'est donc plutôt savoir ce que nous faisons avec, contre et grâce à lui, pôle indispensable pour orienter notre liberté.

Bonheur : plaisirs et moralité

FICHE 48

I Bonheur et plaisir

1. Une fin universelle

• Tous les hommes visent le bonheur, fin universelle et bien recherché pour lui-même. La nature en donne aux « êtres vivants » un critère : le **plaisir**, selon Épicure. On ne peut concevoir de bonheur sans plaisir : ils sont liés.

• En tant que sentiment d'une harmonie liée à notre nature, le plaisir constitue déjà un **bien recherché**. Et le **désir**, signe du manque d'un plaisir et tendance qui nous pousse à l'atteindre, est essentiel dans la compréhension de cette quête universelle. Mais il ne faut pas confondre bonheur et plaisir.

2. Connaissance et choix

• Il faut distinguer *le* plaisir en soi et *les* plaisirs qui s'offrent à nous dans l'existence. Liés à des objets de plaisir, ils concernent notre corps et notre âme. Tout plaisir n'est pas un bien pour nous, toute douleur n'est pas un mal. Nous devons **choisir les plaisirs** qui peuvent effectivement nous rendre heureux.

• **Penser son bonheur** revient à savoir ce qui est un bien pour nous, en vue d'agir. Le bonheur dépend de la **connaissance** de notre nature et de celle des choses. Nous devons **éviter la démesure** dans le plaisir, source certaine de douleurs futures. Chance et malchance jouent donc un rôle à relativiser.

II Bonheur et action

1. Mérite et prudence

• Le bonheur ne dépendant que du sort appelle deux réflexions. D'une part, l'occasion révèle ceux qui savent la saisir : la **prudence** est la vertu nécessaire pour cueillir ce que la fortune offre. D'autre part, sans mérite, le bonheur du chanceux s'oppose au **bonheur vrai** qui serait l'œuvre de celui qui le vit.

• L'homme ne commence jamais par être heureux : il peut espérer le devenir. Il faut donc **avoir l'idée d'un bonheur possible** et réalisable. L'homme est appelé par le bonheur, comme par une vocation : dans l'**action volontaire**, son bonheur commence à se réaliser.

2. La volonté

- Cela suppose travail et difficulté vaincue : victoire sur soi et sur le réel, accompagnée d'un plaisir de vaincre et de se vaincre. Il y a **transcendance**, dépassement de sa nature sensible et des difficultés de l'existence.

- Le bonheur n'est pas seulement la récompense ou le prix de notre action : celle-ci est en soi un bonheur. **Moyens et fin** forment ici une **totalité** qui constitue la vie heureuse.

- Toutefois, si le bonheur est une victoire sur soi, il n'est encore qu'un **bonheur individuel** : n'est-il pas nécessaire de poser une limite à sa recherche ?

III Bonheur et vertus

1. Autrui

- L'exigence de bonheur ne comporte-t-elle pas celle d'être heureux avec d'autres ? Le bonheur d'autrui intervient dans le sens et la valeur du bonheur individuel.

- En conflit lors de leur quête de bonheur, les hommes sont nécessairement conduits à régler leurs actions, le choix des moyens et la nature des fins visées pour être heureux. Il y a un sens politique du bonheur. Il faut réfléchir aux conditions d'un bonheur commun et social. La Cité juste est heureuse (Platon).

2. Devoir et sagesse

- La **quête du bonheur** révèle son **aspect moral**. L'accomplissement de son devoir se distingue du souci d'être heureux, mais agir moralement nous rend dignes d'être heureux (Kant).

- Sur le plan religieux, un **bonheur spirituel** est visé. Cela indique un possible dépassement de la dissociation entre devoir et bonheur.

- Ainsi la moralité, religieuse ou non, permet de penser le sens et la valeur de l'exigence de bonheur, dans le respect de notre condition d'homme. Au total, sur le plan de l'existence également, **la sagesse se communique** : elle peut contribuer au bonheur des autres. Si le sage fait son bonheur personnel avec ses semblables, il est aussi heureux de favoriser celui des autres, et c'est un devoir (Kant). **L'amitié** a ici une **valeur éthique**, et elle participe d'un bonheur qui fait de nous des « citoyens de l'univers » (Russell).

> « Il n'est pas possible d'être heureux sans être sage, honnête et juste, ni d'être sage, honnête et juste sans être heureux. »
> **Épicure**

La morale

TEST-BILAN

→ *Réponses au verso.*

1. **Qu'est-ce qui distingue devoir civique et devoir moral ?**
2. **Que signifie la dignité de la personne ?**
3. **Comment différencier désir et volonté ?**
4. **Que veut dire « autonomie de la volonté » ?**
5. **Quels sont les différents aspects de la liberté ?**
6. **Qu'est-ce que la prudence ?**
7. **Qu'est-ce qui distingue plaisir et bonheur ?**
8. **Le bonheur est-il l'unique bien recherché par l'homme ?**

SCHÉMA-BILAN

Liberté, conscience morale, bonheur

Liberté
- droit/devoir
- obligation/contrainte

Problèmes
- ***morale/société***
- ***existence/moralité***

Conscience morale
- individu/citoyen/personne
- action : mobile/motif

Problèmes
- ***bien/juste***
- ***nature/norme***

Bonheur
- volonté/liberté
- déterminisme/détermination

Problèmes
- ***bonheur/vertu et dignité***
- ***conscience/liberté morale***

Réponses :

1 Ce sont des obligations. Le *devoir civique* contient les limites posées par le droit, et règle la liberté extérieure des citoyens, selon les critères du juste et de l'injuste ; alors que le *devoir moral* s'énonce sous forme d'impératifs limitant la liberté intérieure des hommes selon les critères du bien et du mal.

2 La dignité signifie la valeur absolue accordée sur le plan moral, à tout homme en tant que personne, c'est-à-dire sujet libre et autonome, qui n'est pas simplement moyen pour les fins d'autrui, mais aussi et surtout fin en soi (Kant), et doit, en cela, être respecté.

3 Le désir nous envahit, alors que nous imposons notre volonté. Le désir correspond à la puissance qui nous fait réaliser ce que nous nous représentons comme objet de plaisir, en cela il est tourné vers le futur. Alors que la volonté est la faculté de se déterminer soi-même à agir ici et maintenant.

4 L'autonomie de la volonté, critère éminent de moralité selon Kant, montre la capacité de se déterminer à agir selon les principes purs de la raison, seule capable d'énoncer nos devoirs. En cela elle atteste la puissance de l'homme de s'opposer à ses inclinations sensibles susceptibles d'engendrer des désirs indignes.

5 On distingue quatre aspects de la liberté : la *liberté métaphys*ique, c'est-à-dire la faculté originelle d'être libre de ses pensées et de ses actes, qui correspond au libre arbitre ; la *liberté naturelle et existentielle*, qui est l'indépendance de choix à l'égard du cours déterminé des phénomènes (naturels, sociaux, etc.) ; la *liberté politique* dont les limites sont posées par le droit ; la *liberté morale* dont les limites sont définies par le bien et le mal.

6 La prudence est une vertu cardinale (Platon), encore appelée sagesse pratique, à la différence de la sagesse théorique (*sophia*). L'homme prudent « se caractérise par la capacité à bien délibérer » (Aristote, *Éthique à Nicomaque*, VI) sur ce qui est bon, non seulement pour lui, mais pour l'homme en général : il « s'efforce d'atteindre le meilleur des biens réalisables pour l'homme, et [il] le fait par raisonnement » (*id.*).

7 Le plaisir est un sentiment de satisfaction, élément majeur de l'affectivité, opposé à la douleur ; il peut être sensible ou intellectuel et moral. Le bonheur est la satisfaction complète des aspirations et des tendances ; tout homme vise le bonheur, c'est-à-dire une « vie bonne » (Aristote).

8 Selon Kant, le bonheur est un élément essentiel du *souverain bien*. L'autre partie est la vertu comme bien *suprême* : la vertu seule rend *digne* d'être heureux. C'est donc sur le double plan du bonheur et de la vertu que l'homme doit rechercher ce qui est bien pour lui.

La dissertation philosophique : sujet et problème

FICHE 50

I Choisir le sujet

Une dissertation est l'organisation et l'exposition de la pensée à propos d'un sujet dont il faut analyser la forme logique et le contenu notionnel.

1. Contenu du sujet

Le contenu se réfère à des **notions du programme** que l'analyse dégage. Les termes doivent donner lieu à une **recherche** systématique (dictionnaires, cours, recueils). Méfiez-vous des sujets apparemment faciles, qui peuvent amener à réciter un cours ; ne rejetez pas ceux qui vous semblent difficiles, car ils obligent souvent à une réflexion d'emblée plus personnelle.

2. Formes du sujet

La forme oriente l'exploration du contenu. Elle aide à chercher et formuler un problème.

- **Définition :** *Qu'est-ce que X ?* La dissertation suit les étapes de la recherche.

- **Rapport entre notions :** *Quel est le rapport entre A et B ?* Par exemple, entre droit et force, illusion et réalité, passion et raison, etc. Le sujet porte sur le rapport, non sur l'une puis l'autre des notions. Son intérêt tient au caractère problématique du rapport. Celui-ci peut être implicite ou mis en situation.

- ***Peut-on... ? Faut-il... ? Doit-on... ?*** Posez-vous les questions suivantes : au nom de quoi, de quelle valeur, à quel titre (autorité), en fonction de quel critère ou principe peut-on, doit-on ou faut-il penser, dire ou faire ceci ou cela ? En quoi est-ce légitime ?

- ***Suffit-il de... pour que... ?*** Il s'agit d'une évaluation. Pensez aux expressions : « nécessaire et suffisant » et « nécessaire mais non suffisant ».

- ***En quel sens... ?*** Cette forme mène à des voies divergentes, voire contradictoires ; ou à des étapes d'approfondissement progressif.

- ***Que pensez-vous de... ?*** Il ne s'agit pas de donner une « opinion » abrupte, mais de développer une réflexion progressive, votre « pensée » du début à la fin. Penser, c'est peser : il faut donner les étapes de la « pesée » des arguments menant à une position.

• **Le sujet citation :** la citation exprime une thèse d'auteur et invite à la réflexion et au débat. Une analyse très précise permet de révéler le problème qu'elle contient.

II Poser un problème

1. Dégager le problème

Le sujet (question) n'appelle pas de réponse unique : où est le **problème** (*problema* = « obstacle ») ? Ne pouvant répondre simplement à la question, il faut résoudre un problème contenu dans le sujet qui suscite étonnement et embarras. Des **arguments opposés d'égale pertinence** exigent un **débat critique** contradictoire.

2. Comment procéder ?

• **Analyser le sujet** (forme et contenu).

• **Initier la réflexion :** recueillez, ordonnez les matériaux nécessaires à l'argumentation. Mettez en rapport les matériaux et le sujet.

• **Préparer le débat :** révélez ambiguïtés, ambivalences, thèses opposées ou divergentes. Prenez le contre-pied d'une thèse, argumentez, approfondissez, radicalisez les objections.

• **Problématiser :** il faut dégager un problème à partir duquel on ordonnera une démarche personnelle.

3. Formuler le problème

• Le problème peut prendre des formes différentes, selon la question et votre façon de l'explorer. Le schéma « oui/non » est artificiel, réducteur, souvent inadapté. Dégagez la racine du problème par une formule **adaptée au sujet et à votre parcours d'exploration**, et non par « cela dépend… », « parfois oui, parfois non », « certains pensent que…, d'autres non… ». Elle est à situer dans l'introduction, après avoir amené le sujet.

• Quelques formes logiques : nécessaire et impossible, inclusion et exclusion, supériorité et infériorité, dépendance et indépendance, ou indifférence, cause et effet, oui et non. Le plus important est le « et » qui rend le rapport problématique. Quelle que soit votre formulation, cherchez des **arguments** opposés et également fondés pour chacune des deux thèses. Si vous démontrez que telle thèse est nécessaire et impossible à tenir, il y a un problème. Alors vous pouvez organiser votre réflexion en fonction de ce **problème** et des **matériaux** réunis.

Élaborer le plan de la dissertation

FICHE 51

Faites un **plan détaillé** avant d'écrire la dissertation : l'ordre et le contenu de vos étapes dépendent du sujet et de votre **problématique**. Il n'y a pas de plan type.

I L'introduction : quatre fonctions

- **Amener le sujet :** partant d'un exemple, d'une définition, d'une expression, vous pouvez légitimer la question, lui donner du **sens**.
- **Présenter votre problématique :** par une courte argumentation, mettez en évidence l'obstacle contenu dans le sujet.
- **Poser un problème précis** (et non proposer un vague programme)
Exemple de sujet : La liberté est-elle le refus de toute contrainte ?
Problème : « Comment comprendre que l'on puisse affirmer que la liberté est le refus de toute contrainte alors que sans la contrainte du droit, il n'y aurait pas de véritable liberté ? » *Ou deux questions :* « La liberté n'est-elle pas la capacité de refuser toute contrainte ? », « Mais la contrainte du droit n'est-elle pas nécessaire pour garantir les libertés ? »
Le problème pose les thèses de vos deux premières parties. Ne donnez pas celle de la troisième : l'introduction amène au problème, pas à la conclusion.
- **Montrer les enjeux philosophiques du sujet :** sa valeur dans divers domaines (connaissance, politique, morale, art, etc.).

II Le développement

Il contient trois parties. Si vous n'avez que deux parties, votre conclusion devra être riche, comme une courte troisième partie.

1. Première partie

Enchaînez logiquement des **arguments** illustrés pour explorer le mieux possible la thèse de cette étape.

- **Le point de départ :** exploitez le sens commun, une expression courante, un élément simple, évident. Analysez, approfondissez pour accéder rapidement au niveau philosophique.
- **L'argumentation :** suivez l'ordre logique de vos idées. Il faut expliquer, démontrer, prouver, illustrer et convaincre. Allez du plus simple

au plus complexe, des effets aux causes, de l'apparent à l'essentiel, pour atteindre les **principes et fondements**. Veillez à l'ordre progressif de vos paragraphes, chacun contenant une **idée** donnant lieu à un **argument**. Ne faites pas un catalogue d'idées non justifiées.

- **Un schéma logique utile :** pour toute idée explorée, il faut définir, puis chercher les présupposés (causes, origines, fondements, conditions de possibilité) et les conséquences (effets, implications). Ainsi peut apparaître une autre idée à développer, etc. Soyez rigoureux dans le respect de cette **logique des raisons** de votre argumentation.

- **Les exemples :** ils ne doivent pas se substituer aux idées, mais les **illustrer**. N'en faites pas un catalogue. Bien exploités, ils nourrissent votre argumentation. Les **exemples philosophiques** (citations, arguments d'auteurs) doivent être adaptés au sujet et intégrés à vos arguments. Les **exemples non philosophiques** (histoire, sciences, littérature, etc.) doivent être rapportés à l'idée qu'ils illustrent.

2. Transition critique

Faites le **bilan** de la première partie (en une phrase), puis produisez une **objection**, une réfutation qui oblige à passer à un autre point de vue qui est la thèse de la deuxième partie.

3. Deuxième partie

Elle repose sur les mêmes principes que la première partie.

4. Nouvelle transition critique

Après un rapide **bilan** des deux parties précédentes, montrez que les deux points de vue mènent à une ultime étape qui réalise une **synthèse englobante**.

5. Troisième partie

Suivant les mêmes principes et règles, développez la thèse qui achève votre parcours réflexif.

III Conclusion

Après une rapide **reprise logique** de l'essentiel, vous montrez **votre engagement** face au problème. *Prendre position* ne veut pas dire *affirmer* dogmatiquement une thèse. La thèse est le fruit de toute votre argumentation, donc l'aboutissement d'une véritable pensée personnelle, nourrie de celle des grands **philosophes** et de votre **culture générale**.

L'explication de texte : choisir et explorer un texte

FICHE 52

I Choisir le texte

1. Signification de l'intitulé

- **Libellé officiel :** « Expliquer le texte suivant [Texte, auteur et titre]. La connaissance de la doctrine de l'auteur n'est pas requise. Il faut et il suffit que l'explication rende compte, par la compréhension précise du texte, du problème dont il est question. » Il faut, à partir de la compréhension explicative du texte, développer son problème.
- **Expliquer le texte :** analysez ce qu'il dit pour le comprendre et exposez le cheminement de cette compréhension.
- **Poser le problème du texte :** montrez à quelle difficulté il répond, et précisez le problème, qui n'apparaît pas de manière directe.
- **Dégager le plan du texte :** l'ordre expliqué du texte permet l'éclairage du problème qu'il résout. Il faut unifier les étapes du texte pour le problématiser, c'est-à-dire dégager sa **cohérence dynamique interne**.

2. Choix du texte

- **Accueil du texte :** sans précipitation, exercez votre **jugement** sur le texte (l'auteur ne pense pas à votre place). Ne commencez pas par refuser sa thèse, ses idées. Accueillez le texte tel qu'il est, faites vôtre sa pensée. Votre compréhension prime sur votre désaccord (ou accord).
- **Lecture critique :** accepter ses thèses n'est pas renoncer à toute critique. Évitez l'erreur fréquente du résumé descriptif du texte, plus ou moins fidèle.
- **Analyser le texte :** décomposez-le en moments, en vue d'un questionnement personnel.
- **Attitude interrogative** permanente face au texte dans le but d'éclairer ses raisons.

3. Forme du texte

Il y a trois types généraux de textes, selon leur forme.

- **Texte démonstratif :** raisonnement aux moments liés par des articulations logiques (*tout d'abord, puis, enfin, or, ainsi, et, mais,* *toutefois, cependant, donc, en conclusion*, etc.). Son étude doit suivre et justifier l'ordre de ses raisons.

- **Texte-thèse ou texte-définition :** une idée, un concept est le principe organisateur du texte. Soit vous proposez l'exploration progressive des éléments définitionnels, soit vous argumentez pour défendre et éclairer sa thèse dans différents contextes (politique, scientifique, etc.). Il faut indiquer l'élément moteur (thèse, concept) et suivre l'ordre du texte.

- **Texte alternatif ou binaire :** il alterne ou mêle des points de vue différents, voire opposés. L'étude peut suivre l'ordre du texte ou réunir les éléments de l'un et de l'autre aspect pour ensuite comprendre leur rapport.

Un **texte peut mêler les trois aspects** : un moment démonstratif aboutit à une définition, qui permet de distinguer le concept de son contraire. Sachez repérer les aspects majeurs dégageant la forme principale du texte.
Un texte peut être **polémique**, **argumentatif**, **démonstratif**, **illustratif**.

II Lire un texte

1. La lecture du texte

- **Lecture superficielle :** elle sert souvent à utiliser le texte pour réciter des éléments de cours. Les connaissances sont nécessaires, mais pour expliquer et réfléchir. Le problème du texte procède de l'**explication**. L'intérêt est d'abord à chercher dans le texte pour exploiter ensuite son savoir.

- **Lecture totale :** n'omettez rien du texte, faites une analyse par mots ou groupes de mots. La **forme** et le **contenu** du texte doivent vous guider.

2. Le brouillon

- **Relever les éléments importants :** les concepts et notions à repérer, regrouper, définir ; les thèses et idées, à relier aux notions ; les rapports entre les idées. Cela permet de repérer la **thèse directrice** et l'**argumentation** du texte : d'où le texte part-il, où arrive-t-il ?

- **Thème et problème :** le thème général aide à dégager un problème. Cherchez des thèses opposées à celle du texte. Cela révèle son **intérêt philosophique,** et ouvre la **discussion critique** pour laquelle vos connaissances sont utiles.

Construire l'explication de texte

FICHE 53

I Plan du devoir

Votre **plan** doit *suivre* l'ordre du **texte**. À chaque moment du texte, il faut *expliquer* les **arguments**, montrer que l'auteur *chemine* vers *sa* réponse à un **problème**. Trois points vous guident : la **thèse** de l'auteur (à restituer et explorer), ses **conséquences** et l'**intérêt philosophique** essentiel selon *vous* (aspect **critique** de votre travail).

II Introduction

- L'introduction doit **faire apparaître le sens et la valeur du texte** (son thème précis, son plan, la thèse défendue par l'auteur, le problème auquel il répond). Ne vous lancez pas dans des généralités inutiles (éléments biographiques ou bibliographiques, ou formules vagues sur telle ou telle notion).
- Le **plan** peut être donné par des mots cités. Exemple : « La seconde partie montre que… (de "…" à "…") ». Chaque partie est à condenser en une idée, une thèse.
- La **formulation du problème** peut être directe. Exemple : « Le texte pose le problème suivant : "…" ». Mais vous pouvez n'en donner qu'un avant-goût en posant une question.
- Les **enjeux philosophiques** expriment ce qui fait la valeur du texte, son importance, sa force (*valor*) dans des champs philosophiques divers (politique, esthétique, sciences, histoire, etc.) à formuler avec précision.

III Explication

- Expliquer, c'est **analyser les raisons de l'argumentation** du texte. Mettez en évidence la manière dont l'auteur passe d'une idée à une autre, progressant vers sa thèse. Justifiez les étapes de son argumentation. Ne faites pas l'erreur de répéter ou de décrire le texte : vous devez l'expliquer en déployant son sens et sa structure logiques.
- **Posez des questions** : c'est stimulant et utile pour progresser dans l'exploration du texte ; cela peut vous aider à clarifier le propos de l'auteur et… le vôtre.

• Les moments de l'étude correspondent à ceux du texte. Mais il faut ménager des **transitions** qui justifient le passage d'un moment à un autre. Elles précisent la **cohérence interne** du texte et relancent l'intérêt de sa lecture, montrant que vous n'avez rien oublié dans l'étude d'une partie et que vous êtes soucieux de la solidité et du mouvement du texte. Un court bilan de la partie expliquée peut être suivi d'une interrogation : « l'auteur est donc parvenu à ceci et à cela ; se pose maintenant la question de savoir si..., *ou* comment..., *ou* pourquoi... ».

• Les formes principales d'une **transition critique** sont le **paradoxe** et le **contre-exemple**. Dans tous les cas, la forme interrogative est nécessaire (critique) : le paradoxe ou le contre-exemple doivent conduire à une question qui appelle et introduit le moment suivant. L'**attitude interrogative** doit être constante lors de l'étude d'un texte.

• Le travail préparatoire doit permettre de ne laisser de côté aucune part importante du texte. Trop d'élèves, le jour de l'examen, sacrifient des pans entiers du texte, des notions majeures ou des nuances essentielles. La difficulté d'une notion ou d'une thèse ne doit jamais vous faire reculer, car vous seriez alors sanctionné pour un oubli, masquant peut-être une ignorance.

• **Affrontez les difficultés du texte**, quitte à reconnaître que vous n'êtes pas en mesure de les surmonter complètement. L'embarras est ici le signe d'une inquiétude philosophique. Formulez votre hésitation par des **hypothèses** (emploi du « peut-être », du « semble-t-il ») et essayez d'**envisager des solutions** éventuelles, afin de choisir la plus judicieuse, la plus pertinente, en fonction du reste du texte, et de votre analyse des thèses proposées par l'auteur.

• Enfin, il faut toujours s'efforcer de savoir pourquoi l'on écrit ceci plutôt que cela. C'est valable pour l'auteur et... pour vous. Si la **justification des étapes du texte** est importante, la **justification des étapes de son étude** ordonnée ne l'est pas moins.

Discuter le problème d'un texte

FICHE 54

I Lecture critique

- **Critiquer :** c'est discerner, juger (du grec *krinein*, « art de juger »), non détruire. Cela revient à dévoiler les **limites** du texte expliqué qui n'est qu'un extrait, un passage d'une œuvre.
- **Discuter :** après avoir expliqué le texte, vous avez à le discuter de manière **critique**. Cela ne signifie évidemment pas que le candidat s'acharne soudain sur l'auteur pour montrer qu'il n'a rien compris…
- **Être d'accord ou pas :** ne commencez pas par là… Une lecture est plus riche et plus complexe. Pour savoir ce que vous pensez du texte, il faut d'abord le discuter et donc l'interroger.
- **Argumenter :** il s'agit de réfléchir et **raisonner** pour, éventuellement, signifier son désaccord ou son accord justifié avec la thèse de l'auteur ; mais jamais de manière dogmatique ou mollement sceptique.

II Discuter le texte

- La **thèse** est la **position de l'auteur**, elle répond à un problème. En quoi est-elle discutable ? Formulez des hypothèses, d'autres thèses possibles.
- À ce stade d'analyse, les **connaissances** sont utiles, mais ne doivent pas vous empêcher de penser. Exprimez-vous de manière nuancée en les exploitant.
- Évitez d'opposer un auteur à un autre : faites-les **dialoguer**. C'est votre réflexion qui seule justifie leur présence dans votre devoir.
- En pratique, demandez-vous, à chaque moment du texte, s'il y a un **argument** pouvant ouvrir un **débat** avec la thèse de l'auteur. Cela facilite l'organisation de la discussion en suivant l'ordre du texte, quel que soit votre plan.

III Exemples

1. Exemples philosophiques : citations ou arguments d'auteurs

- Leur exploitation répond aux mêmes principes que dans la dissertation. Des citations sont utiles afin de **clarifier** et préciser votre pensée, **renforcer** et approfondir un argument. Elles doivent être **exactes et précises**. Mieux vaut reformuler son idée, qu'en donner une version tronquée ou fausse.

- Une citation est justifiée et féconde si vous l'exploitez **au service de votre argumentation**. Un auteur ne doit pas se substituer à vous. C'est votre parole du début à la fin. Si vous voulez citer un auteur, produisez toujours une explication pour justifier cet emploi.

2. Exemples non philosophiques

- Ils peuvent être utiles, mais comme il existe toujours un contre-exemple, un exemple **n'a jamais la valeur d'un argument raisonné**.
- Un exemple doit être **adapté**, **précis** et brièvement **expliqué** pour gagner une fonction d'illustration ou une valeur analytique. C'est votre propos qui doit le justifier.
- Quoi qu'il en soit, il n'est **pas nécessaire** de « caser » un exemple à tout prix, si l'on n'est pas sûr de sa pertinence ou de son exactitude.
- Évitez les exemples trop personnels, liés de manière intime à votre vie. L'exemple doit avoir une portée et une valeur suffisamment générales pour être compréhensible et pour que le correcteur puisse, éventuellement, s'y référer lui-même.
- Choisir ses exemples relève du discernement et de la pertinence. Ils sont à chercher dans les domaines **artistique**, **historique**, **littéraire**, **scientifique**, etc. Évitez l'actualité, difficile à analyser et prévisible comme choix illustratif.

IV Conclusion

- La conclusion suit les mêmes principes que dans la dissertation philosophique. Elle fait office de **rappel** du parcours effectué : aussi doit-on y préciser de nouveau à quel problème l'auteur essaye de répondre, quelle thèse il défend et comment sa réponse a pu être nuancée.
- Vous pouvez ajouter une question, bien que cela ne soit pas nécessaire. Si vous le faites, évitez de répéter inutilement le problème que vous avez identifié à partir du texte.
- La fonction de la conclusion est donc de rappeler votre cheminement et éventuellement d'**ouvrir sur un nouveau problème**, lié, bien entendu, à celui qui est apparu dans le texte.

Gérer le temps de l'épreuve et rédiger

FICHE 55

I L'épreuve

- Elle dure **4 heures**. Gérer ce temps implique que vous ne partiez pas avant la fin de l'épreuve, mais que vous exploitiez ce temps efficacement. Pour cela, il faut savoir s'organiser.
- Le **travail préparatoire** : il faut **1 h 15 à 1 h 30** pour faire au brouillon un **plan détaillé**.
- La **rédaction** : comptez **2 h 15 à 2 h 30** pour rédiger sur la copie à rendre.
- Le choix du sujet au début et la relecture à la fin demandent **15 mn**.

II Travail préparatoire (entre 1 h 15 et 1 h 30)

- Il faut **chercher des matériaux et organiser sa pensée**. Le brouillon n'est destiné qu'à analyser le sujet (dissertation ou texte) et mettre en place un plan détaillé. Ne développez pas des paragraphes entiers, des passages récités du cours, des arguments complets. Apprenez à **schématiser** vos analyses, vos arguments, vos références, etc.
- Faites bien ressortir l'ordre des étapes et de leurs composantes par un **plan précis** comportant les **parties** (ordre des arguments, références, schémas de raisonnements conceptuels) et les **transitions critiques** (schéma d'objection et de réfutation).
- Écrivez alors une ébauche d'**introduction** au brouillon, et le **début** de votre première partie, pour « lancer » le travail d'écriture.
- À partir de là, sachant où vous allez, rédigez directement sur la copie votre devoir.

III Rédaction de la copie (entre 2 h 15 et 2 h 30)

1. La forme de l'expression

- Ayant votre plan détaillé pour guide, vous pouvez être attentif à la rédaction : présentation, graphisme, orthographe. Veillez au choix des termes, au niveau de langue, à la correction grammaticale. Allez à la ligne quand c'est nécessaire, à la fin d'un paragraphe

(10 à 20 lignes en moyenne). Vous aiderez ainsi la lecture et montrerez que votre réflexion est ordonnée.

• Deux erreurs à éviter : aller à la ligne à la fin de chaque phrase ; et ne jamais aller à la ligne du début à la fin d'une partie.

2. L'expression du contenu

• Veillez à **ne pas répéter** la même phrase sous des formes différentes.

• Ne vous embarrassez pas de formules compliquées et de phrases longues si l'idée est simple. Faites des **phrases assez courtes**, vous les maîtriserez plus facilement.

• Évitez le hors-sujet : relisez souvent l'énoncé du sujet ou le passage du texte, pour être sûr de ne pas vous laisser emporter par une explication qui sort de son cadre ou qui ne tient pas compte d'une nuance.

3. Longueur de la copie

• La qualité d'une bonne copie ne tient pas au nombre de pages. Mais, trop courte, elle risque d'être elliptique, incomplète ou réductrice ; trop longue, elle peut perdre de vue le problème du sujet ou du texte dans des propos inutiles. Ayez en tête des proportions moyennes, sachant qu'il y a des différences individuelles (graphisme, style, rapidité) :
- introduction : en moyenne une demi-page ;
- chaque partie : deux pages ;
- transition critique : une demi-page ;
- conclusion : une demi-page (plus longue si vous ne faites que deux parties dans votre dissertation).

• Dans le cas de l'étude de texte, le nombre des parties dépend du découpage du texte lui-même et de la spécificité de l'exercice. Mais la longueur d'une partie est identique à celle de la dissertation.

• Au total, en section L surtout, un devoir fait entre sept et huit pages. Il ne s'agit bien sûr que d'estimations pour vous donner un repère. Il y a de bonnes copies de six ou de dix pages.

IV « Connais-toi toi-même »... dans l'épreuve

Quoi qu'il en soit, vous devez apprendre à vous connaître dans l'épreuve, en vous exerçant à faire une analyse, poser un problème, élaborer un plan, rédiger une introduction, etc., en respectant le temps imparti le jour du baccalauréat. Moyennant quoi, le jour de l'épreuve, vous ne serez pas déconcerté. Vous serez vous-même !

Étudier une œuvre philosophique

FICHE 56

I Intérêt de la lecture d'une œuvre philosophique

1. Programme

- Le nombre d'œuvres varie selon les sections : au moins deux en terminale L, une en terminale ES et en terminale S. En terminale L, les œuvres sont à choisir dans des périodes distinctes. Il y en a trois : antique et médiévale, moderne, contemporaine.
- Il peut s'agir d'œuvres entières ou de fragments assez importants et significatifs pour être étudiés pour eux-mêmes.

2. Une pensée mise en œuvre à propos d'un thème

- Lire une œuvre permet de suivre la **totalité** d'une pensée : construction, ordre, enchaînement des arguments, **progression** de la réflexion, thèses défendues.
- L'œuvre montre la rigueur, la complexité, la cohérence, la densité de la pensée d'un grand philosophe.

3. L'engagement d'un philosophe

Un ouvrage est inclus dans une œuvre plus vaste. Sa lecture ouvre sur l'univers conceptuel de l'auteur et sur le rôle de l'ouvrage dans la totalité de sa philosophie.

4. Un moment de l'histoire de la philosophie

- L'auteur est d'une **époque** précise. La lecture d'un œuvre ouvre sur l'histoire des idées et de la philosophie concernée.
- Il y a un *avant* et un *après* l'œuvre, et des œuvres contemporaines.
- Un **dialogue** peut être instauré **avec d'autres œuvres et d'autres auteurs**.

5. Une forme de dialogue

- Le lecteur est invité à un **dialogue avec l'auteur**. Il doit faire preuve d'attention, de perspicacité et de sagacité. Lire, c'est s'ouvrir et écouter, recevoir et accueillir la pensée d'un autre. Une « rumination » s'ensuit, comme reprise intérieure de ce qui a été lu, « pour élever la lecture à la hauteur d'un art », dit Nietzsche, qui se réfère à ce « qu'on a précisément le mieux oublié aujourd'hui [...] la faculté de ruminer... » (*La Généalogie de la morale*, préface).

• Il ne s'agit pas de penser comme Platon ou Kant, mais avec eux, et d'aiguiser son esprit critique. Lire apprend à **penser par soi-même** par la médiation de ce dialogue avec un philosophe.

6. Le baccalauréat

• La lecture d'une œuvre est imposée dans l'éventualité d'une épreuve orale, mais elle est importante avant tout pour le **travail des notions** et la préparation de l'écrit (dissertation aussi bien qu'étude de texte).

• Des notions sont travaillées avec l'œuvre ; et celle-ci est en rapport avec des textes proposés à l'écrit. C'est très important. En cours de lecture, posez-vous la question de savoir si tel ou tel passage ne pourrait pas être utile pour comprendre telle notion du programme, traiter tel sujet de baccalauréat, expliquer ou réfuter tel argument travaillé en cours ou lu dans un autre texte, etc.

II Conseils pratiques

1. Faire des fiches sur l'auteur

Cela permet de regrouper divers éléments : biographie et bibliographie succinctes ; situation de l'ouvrage dans l'ensemble de son œuvre ; idées maîtresses de sa philosophie avec des citations.

2. Dégager le plan précis de l'œuvre

• Notez le sommaire ou la table de matières ; numérotez tous les paragraphes et formulez l'idée directrice de chacun ; mettez en évidence le plan de chaque partie ou chapitre et recopiez-le pour bien le visualiser et saisir la progression de la réflexion de l'auteur.

• Cela vous sera très utile pour vos recherches lors d'une dissertation ou d'une étude de texte, ou pour les révisions de fin d'année. Si vous avez à passer un oral, cela vous permettra aussi de bien situer un passage dans l'ensemble de l'argumentation de l'auteur.

3. Constituer un glossaire des principaux concepts

Le glossaire permet de bien apprendre les définitions, de situer les passages de l'œuvre où vous pouvez les retrouver, d'avoir à l'esprit les citations marquantes. Ainsi, la lecture d'une œuvre s'inscrit pleinement dans le travail d'un cours de philosophie tout au long de l'année. C'est une expérience philosophique irremplaçable.

Se préparer à l'épreuve orale

FICHE 57

I Temps de préparation

- L'épreuve se déroule en **deux temps** : la préparation (20 minutes) et l'oral (20 minutes). L'examinateur choisit un bref extrait dans une œuvre de votre liste.

- Disposant d'une vingtaine de minutes, vous n'avez pas le **temps** de rédiger votre explication. Vous devez donc en **schématiser le plan et le contenu**. Le but est de mettre en évidence les points clés du texte.

II Brouillon

1. Introduction

- Elle doit comporter quatre points : le **thème** dans lequel s'inscrit l'extrait ; sa **situation** dans l'œuvre ; la **thèse** de l'auteur ; les **moments** du texte, avec l'idée de chaque moment.

- Ne commencez surtout pas par la vie et l'œuvre du philosophe. Vous perdez du temps et reculez d'autant le moment de l'explication effective.

2. Explication

Ne la rédigez pas sur votre brouillon. Prenez de **rapides notes** sur les points importants au fur et à mesure de votre lecture : idées maîtresses, arguments schématisés, exemples, nuances contenues dans le texte. En vingt minutes, on ne peut faire qu'un **repérage précis**. D'où la nécessité d'avoir travaillé l'œuvre avant !

3. Conclusion

Elle reprend l'**intérêt du passage**, dans l'œuvre et la pensée de l'auteur, mais aussi pour votre propre réflexion. Le passage peut vous avoir aidé à mieux cerner une difficulté liée à telle ou telle **notion** philosophique.

III Conseils pratiques

- Sur la moitié gauche de votre brouillon : détaillez bien le **plan du texte**, espacez clairement les moments et, pour chacun, le fil des arguments, les concepts clés, expressions ou termes qui seront des repères pour votre explication.

• Sur la moitié droite, ajoutez au fur et à mesure, les idées, arguments schématisés, références à d'autres passages, ou d'autres éléments utiles pour analyser, illustrer ou faire comprendre tel ou tel point du texte.

• Rappelez-vous : il vaut mieux pointer une difficulté, même si vous avez du mal à la résoudre, que passer outre et l'éviter. Soyez certain que l'examinateur y reviendra lors de l'entretien.

IV Oral

Il comprend 10 minutes d'explication et 10 minutes d'entretien.

1. Lecture du texte à voix haute

Demandée au début de l'oral, c'est une bonne mise en voix. Votre façon de lire montre si vous avez bien découpé le texte et vu ses points clés. Lisez posément en mettant en relief les éléments importants. Pensez à l'examinateur qui doit s'imprégner du texte.

2. Introduction

Elle doit être courte (2 minutes, lecture comprise) et précise. Exercez-vous.

3. Explication des différents moments

En 8 minutes, on peut en dire beaucoup.

• Votre schéma est un guide. Revenez au texte, référez-vous aux termes ou expressions qu'il contient. Arrêtez-vous sur un mot, un argument, une nuance, un aspect philosophique.

• Ne lisez pas, tête baissée, un brouillon écrit trop vite et souvent peu lisible. À l'oral, il faut s'adresser à son interlocuteur et jeter de rapides coups d'œil sur ses notes.

4. L'entretien

• Les questions de l'examinateur sont là pour vous aider à reprendre, préciser, éclairer, rectifier, approfondir, etc., non pour vous « coincer ».

• Répondez sans précipitation. La pertinence de vos réponses, la connaissance des concepts, etc., sont estimés. Si vous n'avez pas bien compris une question, dites-le simplement. Faire semblant ou attendre ne servirait à rien.

• Le respect que l'on attache à son travail finit toujours par être perçu. L'examinateur sait bien qu'il est difficile de philosopher, et de passer un oral. Le travail accompli au cours de l'année est pleinement mis à profit à ce moment-là.

Repères philosophiques

ABSOLU / RELATIF

Religion, vérité, histoire, devoir

Est « absolu » (*ab* = « loin de » ; *solutus* = « délié ») ce qui est « détaché », inconditionné, ne dépend que de soi, ne « laisse rien en dehors de soi » (Hegel). Alors que le relatif est « dépendant » ou « attaché » à autre chose que lui-même. Une liberté « absolue » ne tient à aucune condition antérieure. Une liberté relative, par opposition, dépend de conditions (matérielles, sociales, etc.). L'absolu et le relatif peuvent conduire à « absolutisme » et « relativisme ». L'absolutisme politique désigne un pouvoir total. Le relativisme nie toute valeur absolue.

ABSTRAIT / CONCRET

Sciences, mathématiques, logique, langage

Abstrait signifie « séparé ». *Concret* veut dire « compact, épais, tangible » et désigne l'existence de la réalité donnée (expérience interne et externe). L'abstrait relève de la faculté de nommer et de penser la réalité. L'abstraction permet de distinguer les choses (propriétés et relations entre elles). Plus une idée est abstraite, plus son extension est grande (peuplier/arbre/végétal/vivant). Abstrait et concret sont indissociables. Mais le concret est toujours à nommer et construire comme « objet » de pensée. L'abstraction est toujours à l'œuvre pour séparer, distinguer, comparer, classer, et retourner au concret.

EN ACTE / EN PUISSANCE

Devenir, vivant, technique, pouvoir

Un être pleinement réalisé est *en acte*. Sinon, il est *en puissance* (Aristote). L'acte est à la fois le mouvement menant à la forme de cet être, et la forme achevée, actuelle, par opposition à la matière informe. Le marbre travaillé par le sculpteur devient statue ; un bourgeon devient fleur. Marbre et bourgeon sont donc *en puissance* statue et fleur. La *puissance passive* du marbre est une possibilité indéterminée. La *puissance active* du bourgeon est la tendance naturelle à réaliser une forme dans une matière. Dans un sens moderne, puissance signifie aussi « force, autorité, cause efficace » (puissances politique ou divine).

ANALYSE / SYNTHÈSE Mathématiques, logique, jugement, connaissance

L'analyse est la résolution d'un tout en ses éléments simples et identifiables ; la synthèse le recompose selon l'ordre des raisons (Descartes). L'analyse défait la complication de départ ; la synthèse raisonnée vise à restituer la complexité du tout, son ordre intrinsèque. Il faut savoir si l'ordre des raisons reflète bien l'ordre des choses. Analyse et synthèse sont réelles ou intellectuelles. Réelles, elles concernent un tout existant (corps chimique) et la synthèse peut produire un corps nouveau (chimie). Intellectuelles, elles concernent les représentations mentales (concepts, images).

CAUSE / FIN Art, histoire, vivant, liberté

Le pourquoi a deux formes : la cause explique *par quoi* une chose existe ; la fin *en vue de quoi* elle existe. Une cause est une « chose » (*causa*) pouvant produire un effet. La relation est de complémentarité : la cause détermine l'effet, l'effet réalise la cause. Dans une relation mécanique entre deux phénomènes, cause et effet sont homogènes. La science recherche les lois de la causalité (déterminisme). Les fins résultent d'intentions, plus ou moins conscientes et volontaires. Dans une action, on cherche les moyens de réaliser une fin. Mais l'artiste, par exemple, ne sait pas toujours d'abord ce qu'il vise comme fin. Il le saura une fois l'œuvre achevée : son intention première est alors une cause finale.

CONTINGENT / NÉCESSAIRE / POSSIBLE Connaissance, existence, liberté

Est contingent ce qui peut être ou ne pas être, ou être autre qu'il est. Est nécessaire ce qui ne peut pas ne pas être. Est possible ce qui peut être, mais n'est pas. Le contingent est un possible qui survient par hasard. Le hasard est soit ce dont nous ignorons la cause, soit le croisement imprévisible de séries causales indépendantes dont l'effet est inattendu, fortuit, accidentel (Cournot), selon des lois statistiques et de probabilité. On peut prévoir ce qui est nécessaire, possible et souhaitable, et agir en conséquence. Sans contingence, « il n'y aurait plus ni à délibérer, ni à se donner de la peine » (Aristote). Dans l'ordre humain, tout n'est pas possible : l'interdit pose des bornes au permis.

CROIRE / SAVOIR Conscience, perception, vérité, religion

Croire est adhérer à une vérité par un assentiment subjectif et singulier. Le savoir est objectif et vise l'universalité. Croire peut être dangereux, et substituer le dogme ou le préjugé au travail de la raison et de la preuve. Le savoir rejette la croyance qui mêle le désir ou l'imagination à la recherche de la vérité. Mais leurs objets diffèrent. Le savoir ne peut rendre raison de tout. La croyance demande une « foi » que le savoir refuse. Le savoir, bien que limité, donne une maîtrise : « savoir afin de prévoir pour pouvoir » (Comte). La croyance est un élan passionné. Mais le savoir n'exclut pas toute croyance : il en appelle à l'examen de la raison. Il croit en elle.

ESSENTIEL / ACCIDENTEL

Connaissance, existence, vérité, nature

L'essence est ce par quoi une chose est ce qu'elle est. Elle détermine l'existence de la chose. Elle est stable, nécessaire, substantielle. La quête philosophique des essences est l'examen de ce qui définit les choses, leur intelligibilité. Des éléments accidentels (variables et contingents) peuvent modifier la chose sans qu'elle perde sa nature. L'homme, par essence bipède qui parle, est musicien par accident. Pour Sartre, « l'existence précède l'essence » chez l'homme : il est ce qu'il fait de lui-même. Sartre refuse l'idée d'une « nature » humaine qui déterminerait l'existence, et parle de « condition » dans laquelle l'homme se choisit librement.

EXPLIQUER / COMPRENDRE

Autrui, sens, vivant, histoire, expérience

Nous expliquons la nature, nous comprenons un homme. Dans les sciences de la nature, le raisonnement complète l'expérience par des hypothèses explicatives. L'explication élabore une argumentation fondée sur des causes objectives. Expliquer, c'est articuler, mettre en rapport les éléments étudiés. Comprendre relève davantage de la subjectivité, qui exprime son degré de « compréhension ». « Être compréhensif », c'est accorder qu'il y a un sens, même s'il nous échappe. Nous interprétons la signification d'une conduite sans pouvoir forcément l'expliquer par des causes objectives. Nous lui supposons des raisons subjectives. L'explication concerne surtout le domaine théorique ; la compréhension, surtout le domaine pratique, mais elle intervient aussi dans les sciences humaines.

EN FAIT / EN DROIT

Expérience, connaissance, vérité, sens, droit

Le fait brut est une donnée empirique. Dire qu'il y a *en fait* ceci ou cela, c'est décrire la réalité existante et énoncer une vérité de fait

(Leibniz). L'esprit cherche à dépasser l'ordre des faits pour savoir ce qu'ils sont *en droit*, selon l'ordre des raisons : la raison des faits. La science cherche à savoir ce qu'il doit y avoir. Elle construit un fait rationnel et élabore des vérités de raison. S'il lui arrive « de légitimer l'opinion, c'est pour d'autres raisons que celles qui fondent l'opinion ; de sorte que l'opinion a, en droit, toujours tort » (Bachelard). Enfin, la force relève du fait : le droit positif doit s'imposer pour la maîtriser. Le fait ne peut fonder le droit. La rationalité du droit pose le sens et la valeur du fait.

FORMEL / MATÉRIEL — Démonstration, expérience, art

La forme englobe ; la matière constitue. On pense souvent que le matériel est premier et le formel second, voire secondaire. Ainsi, sur la palette de l'artiste, les couleurs n'ont pas encore les formes qu'elles auront dans le tableau. Mais on peut inverser ce rapport : la forme peut désigner le principe originel, l'idée (*idea* = « forme ») antérieure à la matière qui est alors au service de la forme. On peut dire que la forme pure est immatérielle et que la matière première, brute, est informe. C'est pourquoi *formel* renvoie souvent à l'esprit, ses opérations, les signes abstraits qu'il utilise. La matière, par opposition, est tangible. Elle reçoit une forme. Mais toute matière, même première, a une forme.

GENRE / ESPÈCE / INDIVIDU — Logique, connaissance, vivant

En logique, le genre désigne un groupe d'objets ayant des caractères communs. Il se subdivise en espèces. Une hiérarchie d'extension et de compréhension caractérise le rapport genre/espèce : ce qui est dit « genre » par rapport à des espèces qu'il englobe est dit « espèce » par rapport à un genre plus étendu (*vertébré*, espèce d'animal et *genre* pour l'espèce mammifère). Pour la Systématique, en biologie, la famille contient des genres subdivisés en espèces distinctes par la forme des individus qui peuvent se reproduire par croisement. La subdivision s'arrête à l'individu, au sujet singulier qui a des attributs mais ne peut être attribut d'un autre sujet (logique). En biologie, c'est l'organisme vivant singulier.

IDÉAL / RÉEL — Désir, vérité, histoire, devoir

L'idéal s'oppose communément au réel. Il serait un « rêve », voire une « illusion », pensée désirante qui ignore la réalité. On lui reproche d'être trop éloigné du réel, ou d'en donner une image fausse. À l'opposé, le réel existe de fait. Pourtant, si l'idéal se propose de dépasser le réel, cela tient au caractère décevant de ce dernier, qui est imparfait et contingent. L'idéal lui oppose perfection et nécessité. Il dit ce qui devrait être, et peut condamner ce qui est. Le rapport est renversé : un idéal normatif permet de juger le réel. Cela est source d'un progrès possible. Mais, afin de ne pas rester un pur idéal, il est nécessaire de l'articuler au réel. Il doit y avoir un réalisme de l'idéal, sinon il est utopique.

IDENTITÉ / ÉGALITÉ / DIFFÉRENCE

Justice, droit, devoir, société, personne

L'identité se dit de choses ayant les mêmes propriétés ; d'une chose dont les propriétés sont permanentes ; de l'unité du sujet qui se pense identique à soi au cours de son existence. L'égalité mathématique est proche de l'identité. Politiquement, l'égalité relève de la justice. Moralement, tout être humain est l'égal de tout autre en dignité, bien qu'il en diffère comme individu. Des objets différents ont des points dissemblables et des points communs. Mais la différence révèle aussi l'originalité d'un être, ses propriétés intrinsèques. On peut exiger un respect de la différence. Mais un droit à la différence ne doit pas mettre en danger l'identité qui fait de chacun l'*alter ego* de tout autre.

INTUITIF / DISCURSIF

Démonstration, langage, connaissance, expérience

Intuitio signifie « vision », « regard » : une personne « intuitive » devine ce qui est caché pour les autres. L'intuition est directe et pénétrante. Par opposition, la discursivité est laborieuse, supposant une chaîne de raisonnements. *Discursus* indique « courir à différents endroits » : argumenter, organiser son discours. En philosophie, l'intuition est en rapport soit avec la sensibilité (représentation sensible immédiate de la réalité, Kant), soit avec la raison (saisie d'une évidence rationnelle, Descartes), soit avec la pensée (« saisie directe » de la réalité, Bergson). La discursivité remet souvent en cause la vérité de l'intuition, son absence d'élaboration. Nos intuitions sont, en ce sens, en attente d'un « discours » qui les éclaire.

LÉGAL / LÉGITIME

État, pouvoir, droit, justice, devoir, personne, liberté

Est légal ce qui est conforme au droit positif. Le légitime se réfère à une norme supérieure qui vise à fonder droit et morale. Le légal peut être dit illégitime s'il est estimé dépourvu de justification.

Le légitime a une puissance de subversion, au nom de valeurs variables : résistance à la tyrannie, droits de l'homme, expression de la volonté populaire. Mais la puissance du légal tient à l'institution effective de règles communes, face au légitime qui peut être relatif, changeant et subjectif. Un pouvoir légitime est distinct d'un pouvoir prétendant à la légitimité. Tout pouvoir cherche sa légitimation dans l'adhésion de ceux qui lui sont soumis.

MÉDIAT / IMMÉDIAT Perception, langage, art, connaissance

L'immédiat est sans « intermédiaire », sans médiation (*medius* = « milieu »). Une présence immédiate se constate. Mais elle peut être médiate ou indirecte, signifiée par un symbole, par exemple. Le médiat est un moyen de parvenir à autre chose. L'immédiat est spontané et actuel. La conscience nous donne une connaissance immédiate de ce qui nous entoure et de notre personne. Nous « savons », par elle, que nous éprouvons une douleur. Mais cette spontanéité se révèle souvent trompeuse ou insuffisante. On ne comprend pas tout immédiatement. L'immédiat suscite une réflexion car il est incomplet. Mais il possède un sens, offre une direction et une signification premières.

OBJECTIF / SUBJECTIF Jugement, sciences, vérité, sens, justice

Objectif est souvent assimilé à « impartial, fondé, rationnel ou universel », alors que *subjectif* est pris pour « partial, issu des désirs, des passions, rapporté à la singularité individuelle ». Toute représentation subjective est, pour la science, un « obstacle épistémologique » (Bachelard). Pourtant, l'objet de la science est pensé par un sujet : l'objectivité résulte d'un travail de l'esprit. Ainsi, le sujet sensible perçoit et le sujet rationnel conçoit : la subjectivité ne se réduit donc pas à la singularité individuelle. Enfin, le sujet a la faculté de maîtriser l'aspect singulier de sa subjectivité en obéissant aux principes objectifs du droit et du devoir.

OBLIGATION / CONTRAINTE Société, devoir, liberté

L'obligation (*obligare* = « lier ensemble ») et la contrainte (*constringere* = « serrer ») sont des forces qui entravent la liberté d'action. Mais agir sous la contrainte, c'est ne pas avoir le choix ; alors que l'obligation laisse le choix. Demander à quelqu'un de « remplir ses obligations » ne signifie pas que l'on exerce sur lui une force contraignante. L'obligation (devoir) sollicite la pensée et la volonté. C'est pourquoi, seule, elle possède une signification morale ou juridique. Elle implique liberté et responsabilité. Le sujet se montre capable de se déterminer. Mais s'il désobéit à l'obligation légale, la justice le contraint (sanction pénale).

ORIGINE / FONDEMENT Sciences, histoire, droit, art, morale

L'origine, temporelle, concerne la naissance et inaugure une histoire. La science se demande *comment* est apparu et se transforme un phénomène. Religion et philosophie se demandent *pourquoi*. L'origine désigne à la fois le début d'une série de phénomènes et la cause métaphysique de la série. Le fondement désigne une assise solide. Fonder, c'est justifier les principes sur lesquels reposent une chose et sa connaissance. La recherche du fondement concerne les sciences, la morale, le droit, l'art. L'origine de fait diffère du fondement de droit. Rousseau distingue « l'origine et le fondement de l'inégalité parmi les hommes ». Kant analyse l'origine sensible et le fondement rationnel de la connaissance.

PERSUADER / CONVAINCRE Vérité, justice, État, devoir

Persuadere (latin) signifie « décider quelqu'un à faire quelque chose ». La persuasion suscite l'adhésion subjective (art oratoire, rhétorique). Un discours persuasif séduit par sa forme. Il vise la sensibilité et les désirs de l'auditoire, plus que sa raison. On peut rendre vraisemblable n'importe quoi face à un ignorant crédule. Alors que convaincre implique la raison et le contenu objectif du discours. La vérité doit être prouvée ou démontrée. On peut convaincre une personne sans avoir à la persuader. Mais pour convaincre, il est utile de maîtriser aussi l'art de persuader.

PRINCIPE / CONSÉQUENCE Histoire, démonstration, logique, État, devoir

Le principe est premier : il commence et commande. Le principe d'une conduite la détermine, et la règle l'explique et la justifie. La conséquence suit un principe, et peut être nécessaire, contingente ou possible. Il y a une relation hiérarchique entre les deux. Le principe ne semble dépendre que de lui-même, il est absolu. En revanche, la conséquence est relative et peut dépendre de plusieurs principes : elle est un résultat ou une fin. Mais une conséquence peut devenir un principe, duquel déduire d'autres conséquences.

RESSEMBLANCE / ANALOGIE

Expérience, connaissance, vérité, sens

La ressemblance lie des choses ayant des éléments comparables. La ressemblance est plus ou moins grande, constante et observable. L'analogie signifie l'égalité de deux rapports et non de deux objets. Ressemblance et analogie n'ont pas force de démonstration mais peuvent guider l'esprit qui, par induction, cherche à classer et ordonner les objets. La ressemblance empirique se distingue de l'analogie conceptuelle.

EN THÉORIE / EN PRATIQUE

Sciences, technique, droit, devoir, justice

En théorie (du grec *theôrein* = « contemplation ») est souvent lié à abstrait, idéaliste, voire irréaliste ; et *en pratique* (du grec *prattein* = « agir ») est lié à concret, réaliste. L'attitude théorique, libérée de la pratique, se détache des circonstances (singulières et contingentes), permet la recherche des critères (universels et nécessaires) d'intelligibilité du réel. Mais la pratique offre à la théorie les conditions effectives de son application. La sagesse est savoir théorique et vertu pratique. La théorie de la pratique vise les principes pouvant régler les actions techniques, politiques ou morales (Kant).

TRANSCENDANT / IMMANENT

Désir, religion, devoir, bonheur

Est transcendant « ce qui dépasse l'expérience ordinaire » (*transcendere* = « surpasser ») et désigne soit ce qui est d'une nature ou d'un ordre supérieurs, soit ce qui est autre que la conscience. Ainsi, Dieu est transcendant par rapport à la conscience. Par opposition, est immanent ce qui est intérieur à un être ou à un objet de pensée. Une cause immanente a un effet intérieur à l'agent qui l'effectue.

UNIVERSEL / GÉNÉRAL / PARTICULIER / SINGULIER

Démonstration, devoir, bonheur

Ces termes permettent de distinguer des types d'énoncés. L'universel « est toujours valable », quelles que soient les conditions singulières. Le général comporte des exceptions ; son extension est moindre. Une règle générale tirée de l'expérience n'a pas la valeur d'une loi universelle. Une règle particulière ne vaut que pour une partie ou pour certains individus ou un groupe. Une règle singulière ne vaut que pour un individu. Elle ne s'applique qu'à un sujet unique. Singulier désigne ce qui se distingue de tout autre chose ou sujet.